GÜTERSLOHER
VERLAGSHAUS

Gütersloher Verlagshaus. Dem Leben vertrauen

*Reiner Ruffing,* geboren 1955, ist promovierter Philosoph. Als Referent im Informationszentrum Berlin hält er Vorträge zur politischen, wirtschaftlichen und kulturellen Lage Berlins. Er ist Lehrbeauftragter im Fachgebiet politische Theorie, Dozent in der Erwachsenen- und Lehrerweiterbildung in Berlin und Rheinland-Pfalz und Studienrat in den Fächern Deutsch, Sozialkunde, Ethik und Philosophie. Reiner Ruffing ist verheiratet, hat zwei Kinder und lebt in Elmstein, Rheinland-Pfalz; zahlreiche Veröffentlichungen.

*Reiner Ruffing*

# Kleines Lexikon wissenschaftlicher Irrtümer

*Von Aderlass bis Zeitreise*

Gütersloher Verlagshaus

Bibliografische Information der Deutschen Nationalbibliothek

Die Deutsche Nationalbibliothek verzeichnet diese Publikation in der Deutschen Nationalbibliografie; detaillierte bibliografische Daten sind im Internet über http://dnb.d-nb.de abrufbar.

FSC
www.fsc.org
FSC® C017859
The mark of responsible forestry

Verlagsgruppe Random House FSC-DEU-0100
Das für dieses Buch verwendete FSC-zertifizierte Papier *EOS* liefert Salzer Papier, St. Pölten, Austria.

1. Auflage


Satz: Katja Rediske, Landesbergen
Umschlagmotiv: © fabrice rousselot – fotolia.com
Druck und Einband: CPI Moravia Books, Korneuburg
Printed in Czech Republic
ISBN 978-3-579-06566-3

www.gtvh.de

# INHALT


Vorwort 9

A

**Aderlass** als Allheilmittel 20
Ein Fünftel aller **ADHS**-Diagnosen sind falsch 21
Ich glaub', mich laust der **Affe** 23
**Arische Physik** ist die beste 25
Erfindung und Verschwinden des **Äthers** 29
Wunderfaser **Asbest** 31
**Atompilze** strahlen nicht 33

B

**Bauchlage** und früher Kindstod 36
Schwammartige Gehirnkrankheit **BSE** 37
Der Arzt und das **Burnout**-Syndrom 38

C

**Cholesterin** ist unschuldig 40
Lehren aus dem **Contergan**-Skandal 42

D

**DDT** – Verhungernde kennen kein Restrisiko 44

E

Unterschätztes **Erdzeitalter** 47
Im Labyrinth der **Eugenik** 48

F

Zur **Fettverbrennung** muss man schwitzen 51
**Frauen** sind unvollkommene Männer 51

G

**Gen** fürs Kettenrauchen 57

Fiktion **Gravitation** 60
Selbstzweifel und **grippaler Infekt** 62
Kopulierende **Grünalgen** 64

H
Schwierige Geburt des **Heliozentrischen Weltbildes** 66
Hexenhammer und **Hexenverfolgung** 72
Schwangere **Hirntote** 78
Samentierchen **Homunkulus** 79

J
Spekulationen über **»Juden-Gene«** 81

K
**Kaffee** entzieht dem Körper Wasser 85
Die Diskussion um den **Klimawandel** 87
Wissenschaftsbetrug **Klonen** von Stammzellen 90
Großer wilder Mann mit **Kokain** im Leib 91
**Kolumbus´** Irrtum 95
Puzzle **Kontinentalverschiebung** 97

L
Unscharfer **Laplace´scher Dämon** 100
Mehr **Licht** 103
**Lyssenkos** ideologische »Biologie« 104

M
**Magnetismus** gegen Verstopfungen 106
Die **Mandeln** müssen weg 107
Der **Mauerfall** widerlegt die Kremologen 108
Pasteurs **Mikroben** falsifizieren die »spontane Urerzeugung« 109
Richard Specks fehlendes **Mörderchromosom** 111

N
**Nervenzellen** leben länger 116

P

Scheinproblem **Perpetuum mobile** 118

Zwischen **Pest** und Cholera 122

**Phlogiston** in brennbaren Substanzen 123

Klasse statt Masse – Fehler der **Phrenologie** 125

R

Der anthropologische **Rassenwahn** 128

S

Die »Stille Post« der **Saphir/Whorf-These** 130

**Scholastik** oder Was treibt man in der Hölle? 132

**Spinat** macht stark 134

Lustseuche **Syphilis** 135

T

**Tierprozesse** – Schweine, Ochsen, Hunde, Ratten vor Gericht 138

Der Mythos um **Troja** 141

U

Sprache und **Universalgrammatik** 144

V

Hinfälliger **Vitalismus** 150

Überflüssige **Vitamine** 151

Unauffindbarer **Vulkan** 152

W

Ist es auch **Wahnsinn**, so hat es doch Methode 153

**Waldsterben** oder Totgesagte leben länger 154

Z

Verfallserscheinung **Zeitreise** 158

# VORWORT

Immer öfter erleben wir, dass wissenschaftliche Theorien auf den Prüfstand geraten und sich als falsch erweisen. Was heute als gut begründet gilt, muss morgen vor dem Richterstuhl des wissenschaftlichen Fortschritts revidiert werden. Um nur ein Beispiel aus der jüngeren Zeit zu nehmen: Im 2007 vorgelegten Bericht des Weltklimarates IPCC heißt es, dass wegen des Treibhauseffekts die *Gletscher des Himalaja ... sich schneller zurück(ziehen), als in irgendeinem anderen Teil der Welt, und ... die Wahrscheinlichkeit sehr hoch ist, dass sie im Jahr 2035 verschwunden sind ...* Man hätte jedoch wissen müssen, dass die Eisberge im Rahmen der bekannten Naturgesetze wegen ihrer Größe gar nicht so schnell schmelzen können, unabhängig davon, wie stark die Treibhausemissionen steigen.

Ein weiteres Beispiel für einen Wissenschaftsirrtum betrifft unmittelbarer unser Alltagsleben: So wurde lange Zeit behauptet, dass Kaffee dem Körper Wasser entzieht; die Deutsche Gesellschaft für Ernährung (DGE) riet im Jahre 1999, mit jeder Tasse Kaffee die gleiche Menge Wasser zu sich zu nehmen. Inzwischen wird Kaffee jedoch als gewöhnliches Getränk betrachtet. Studien haben ergeben, dass Kaffeetrinker nicht mehr oder weniger Flüssigkeit ausscheiden als andere. Ob in der Klimaforschung, der Medizin, der Archäologie, der Botanik, Anthropologie, Biologie, Chemie, Physik ... in allen modernen Wissenschaften schleicht sich der Fehlerteufel ein: *Es irrt der Mensch, so lang er strebt,* heißt es schon in Goethes Faust.

Derzeit liegt die Wahrscheinlichkeit, dass die Ergebnisse einer naturwissenschaftlichen Studie falsch sind, bei 50 Prozent. Die Ursachen dafür, dass Forscher falsche Theorien entwickeln, sind darin zu suchen, dass sie sich häufig auf eine zu geringe Menge an Datenmaterial stützen. Außerdem verleiten Eigeninteressen der Wissenschaftler dazu, die Daten selektiv auszuwählen und nur diejenigen zu berücksichtigen, die ihre Theorien stützen. Ein weiterer Faktor für Fehler in den Wissenschaften ist, dass auch in der Science Community der Konkurrenzdruck immer stärker wird. Um Forschungsgelder zu erhalten, müssen die Forscher um Anerkennung kämpfen. Deshalb lastet auf ihnen der Druck, ständig zu publizieren, was oft dazu führt, dass Fehler übersehen werden. Wer nicht veröffentlicht, verliert an Bekanntheitsgrad und fällt weniger auf. Forschungen mit negativen Ergebnissen werden kaum noch wahrgenommen; bei einer neuen Theorie werden die bestätigenden Fakten überbewertet, während falsifizierende Belege kleingeredet werden. Dabei spielen in der Wissenschaft auch fehlgeschlagene Versuche eine wichtige Rolle. Gerade aus den Fehlern bzw. nicht erwarteten Ergebnissen lassen sich oft neue Erkenntnisse gewinnen. Sie zeigen, dass man sein Konzept verändern muss. Doch die meisten Wissenschaftler suchen weniger nach Fehlern, sondern nach Fakten und Argumenten, die ihre Theorien bestätigen.

Im vorliegenden *Kleinen Lexikon der wissenschaftlichen Irrtümer* geht es keineswegs darum, die Wissenschaft bzw. die Wissenschaftler zu diskreditieren. Im Gegenteil: Die Entwicklung des wissenschaftlichen Denkens ist und bleibt ein großer Fortschritt in der Geschichte der Menschheit. Friedrich Nietzsche schreibt: *Das große Ergebniss der bisherigen Menschheit ist, dass wir nicht mehr beständige Furcht vor wilden Thieren, vor Barbaren, vor Göttern und vor unseren Träumen haben müssen.* Mit seiner berühmten Radierung »Der Schlaf der Vernunft« (1796) warnte der spanische Maler Francisco Goya vor Aber- und Gespensterglauben. Wenn die Vernunft schläft, werden die Monster munter. Doch wenn man den Untertitel der Zeichnung *El sueno de la razón produce monstruos* nicht mit *Der Schlaf der Vernunft gebiert Ungeheuer,* sondern auch *Der Traum der Vernunft gebiert Ungeheuer* (el sueno heißt im Spanischen sowohl Schlaf als auch Traum) übersetzt, tritt ein völlig anderer Sinn zutage. Haben nicht die Allmachtsträume der wissenschaftlich-technologischen Vernunft selbst zahlreiche Ungeheuer hervorgebracht? *Der Traum der Vernunft erzeugt Ungeheuer!*

Der wissenschaftlich-technische Fortschritt wird dann zum Problem, wenn er sich gleichsam zu verselbstständigen droht und keine anderen Sichtweisen mehr zulässt. Darauf haben Denker wie Martin Heidegger und Paul Feyerabend hingewiesen. Heidegger bezeichnete das Wesen der modernen Wissenschaft und Technik mit dem Begriff »Gestell«, weil es zum alleinigen Vehikel kultureller und existenzieller Fragen mutiert. Wissenschaft und Technik sind so lange kein Problem, wie sie sich in ein Gesamtverständnis der Gesellschaft und der Politik einfügen. Sollte jedoch die Wissenschaft den Anspruch erheben, für alle Fragen und Probleme der Menschheit eine Antwort zu haben, schießt sie eindeutig über das Ziel hinaus. Demgegenüber hält Ludwig Wittgenstein fest: *Wir fühlen, dass, selbst wenn alle möglichen wissenschaftlichen Fragen beantwortet sind, unsere Lebensprobleme noch gar nicht berührt sind.* Heute stellen wir die Tendenz fest, dass mithilfe der Wissenschaft der Mensch auf ein bestimmtes Bild (Idealmaße, Leistungsfähigkeit, Flexibilität) geformt werden soll. Doch der Mensch lässt sich nicht fest*stellen*. Wäre der Mensch einmal festgestellt, handelte es sich vermutlich nicht mehr um den Menschen.

Der österreichische Wissenschaftstheoretiker Paul Feyerabend fordert gegen die Dominanz der Wissenschaft einen *theoretischen Pluralismus,* ein *anything goes* und Gedankenfreiheit. In seiner Schrift *Erkenntnis für freie Menschen (1979)* kritisierte er den in den westlichen Gesellschaften staatlich verordneten Rationalitäts- und Aufklärungszwang. Für Menschen sind Traditionen und Gewohnheiten wichtig, selbst wenn sie unter wissenschaftlichen Gesichtspunkten als irrational gelten. Astrologie, Voodoo-Zauber, fernöstliche Therapieformen (Akupunktur u. ä.) – so Feyerabend – können durchaus ihre Berechtigung haben. Feyerabend unterscheidet zwischen den Begriffen Vernunft und Rationalität: *Ich habe nie die Vernunft ›heruntergemacht‹, was immer das heißen mag, sondern nur eine versteinerte und überhebliche Version von ihr.* Es ist vernünftig, keine einzige verbindliche wissenschaftliche Meinung und Methode vorzuschreiben. In manchen Situationen ist es sinnvoll zu beten oder an Wunder zu glauben. Es bleibt in der Entscheidung eines jeden Menschen, welchen Idealen er in welcher Situation vertraut.

Sind die im Namen der Wissenschaft geführten Angriffe auf die Akupunktur, das Handauflegen oder die Astrologie gerechtfertigt? Sind die Expertisen wissenschaftlicher Gutachter, dass die Atomkraft sicher sei, richtig? Wenn Theorien, Prognosen, Computersimulationen, Statistiken, Vergleiche verabsolutiert werden, droht die Gefahr, dass die Gesellschaft erstarrt. Wenn wissenschaftliche Thesen im Duktus der Unfehlbarkeit vorgetragen werden, kann es passieren, dass Theorien mehr Schaden als Nutzen bewirken. Falsche Theorien führen zu grausamen Folgen; man denke etwa an den mittelalterlichen Hexen- oder neuzeitlichen Rassenwahn. Dem könnte entgegengehalten werden, dass es sich dabei eben nicht um Wissenschaft, sondern um Pseudowissenschaft gehandelt hat. Doch wer entscheidet darüber? Im Mittelalter jedenfalls war der Glaube an Hexen selbstverständlich und im Nationalsozialismus wurde die Rassentheorie zur herrschenden Lehre erklärt; heute wissen wir, dass beide Theorien falsch waren. Es liegt der Schluss nahe, dass auch einige unserer gegenwärtigen Theorien unvollständig oder falsch sind und zukünftigen Prüfungen nicht standhalten können. Wobei es prinzipiell auch sein könnte, dass wir gegenwärtig gleichsam in einem goldenen Zeitalter der Erkenntnis leben, das heißt, dass sich die aktuell gültigen Theorien auch längerfristig als richtig erweisen. Gleichwohl wissen wir zu keiner gegebenen Zeit, was wahr und was falsch ist. Sokrates' vor fast zweieinhalbtausend Jahren gesprochener Satz *Ich weiß, dass ich nichts weiß* hat nach wie vor Gültigkeit.

Vor allem der österreichische Philosoph Karl Raimund Popper hat sich mit dem Problem des Irrtums und der Falsifikation in seiner Wissenschaftstheorie des kritischen Rationalismus auseinandergesetzt. Popper zufolge lässt sich eine wissenschaftliche Theorie nie vollständig verifizieren, wohl aber falsifizieren. Dafür fand er ein eindrückliches Beispiel: Der Satz *Alle Schwäne sind weiß* ist, selbst wenn über einen längeren Zeitraum kein Gegenbeispiel gefunden wird, nie vor einer Widerlegung gefeit. Popper zufolge sind wissenschaftliche Hypothesen nie zu hundert Prozent zu belegen = verifizieren, wohl aber falsifizierbar, falls wir nur ein einziges Gegenbeispiel finden. Die These über die weißen Schwäne ist genau dann widerlegt, wenn ein schwarzer Schwan auftaucht bzw. sich die Menschen auf den Basissatz einigen können: *Hierbei handelt es sich um einen schwarzen Schwan.* Schwieriger wird es, wenn es sich um die Widerlegung eines gesamten Theoriengebäudes handelt. Dann neigen nämlich Forscher dazu, Gegenargumente zu ignorieren, damit ihre schöne Theorie nicht ins Wanken kommt.

Dafür lässt sich schon in der Antike ein Beispiel finden. So soll Pythagoras enttäuscht gewesen sein, dass sich die Quadratwurzel aus 2 nicht als natürliche Zahl ausdrücken lässt. Die Existenz der irrationalen Zahlen widersprach dem pythagoreischen Harmoniegedanken und hat die Schule in eine tiefe Krise gestürzt. *Am Bilde des einfachsten rechten Winkels, desjenigen mit gleich langen Schenkeln, zerbrach die seitherige Logoslehre und brachte das pythagoreische Weltgebäude zum Einsturz. Im Leben und Forschen der ... Pythagoräer muss die Entdeckung des Nichtlogos, eines Alogon, eine wahre Erkenntnistragödie bewirkt haben.* (Ernst Bindel) Als einer der Schüler des Pythagoras die unliebsame Entdeckung weitererzählte, wurde er als Verräter beschimpft. Nicht nur unter Politikern, auch unter Gelehrten herrscht die Neigung vor, eher die Fakten zu verbiegen, als die von ihnen vertretene Theorie zu verändern. Max Planck hat dazu den berühmten Satz formuliert: *Eine neue wissenschaftliche Wahrheit pflegt sich nicht in der Weise durchzusetzen, dass ihre Gegner überzeugt werden und sich als belehrt erweisen, sondern vielmehr dadurch, dass ihre Gegner allmählich aussterben und dass die heranwachsende Generation von vornherein mit der Wahrheit vertraut gemacht ist.*

Kritikloses Vertrauen in die Wissenschaft verbietet sich schon deshalb, weil innerhalb der Fachgebiete oft gravierende Meinungsunterschiede bestehen. Nicht nur in den Gesellschaftswissenschaften gibt es immer weniger unbestreitbare »objektive« Tatsachen. In der Genforschung, der geologischen Analyse des Mutterbodens, der Primatologie ... überall widersprechen sich Forscher schon in den Basisannahmen. Das führt zu der Annahme, dass wissenschaftliche Tatsachen weniger entdeckt als vielmehr produziert werden. Ob aus ersten Hypothesen Lehrbuchwissen wird, steht nicht von vornherein fest, sondern ist die Folge von zahlreichen Entscheidungen, die im Einzelnen auch anders hätten ausfallen können. Auch in der Wissenschaft führen viele Wege nach Rom, wobei hinzuzufügen ist, dass es in der Wissenschaft, der Kunst, Politik wie im Leben überhaupt nicht nur eine, sondern viele Wahrheiten gibt. Welches Lehrbuchwissen sich durchsetzt, hängt u. a. von den eingesetzten Ressourcen ebenso wie der persönlichen Energie und Durchsetzungskraft des jeweiligen Forschers ab, von seriösen Beweisen ebenso wie von Strategien.

Zu warnen ist vor einem grenzenlosen Optimismus in Sachen Wissenschaft, wie ihn der amerikanische Unternehmer Ray Kurzweil und der japanisch-amerikanische Physiker Michio Kaku vertreten. So glaubt Kurzweil, mithilfe der modernen Medizin ewig leben zu können. Um dieses Ziel zu erreichen, nimmt er jeden Tag 250 Pillen ein, und er behauptet, mit seinen sechzig Jahren biologisch die Körperwerte eines Vierzigjährigen vorweisen zu können. Michio Kaku behauptet in seinem Buch *Zukunftsvisionen – Wie Wissenschaft und Technik des 21. Jahrhunderts unser Leben revolutionieren,* dass der Mensch dereinst zum Herrn über Zeit und Raum wird. *Wir sind nicht nur passive Beobachter der Natur, sondern sind dabei, ihre aktiven Lenker zu werden. Nachdem wir die Grundgesetze der Quanten, der DNS und der Computer entdeckt haben, begeben wir uns jetzt auf eine viel längere Reise, die letztlich verspricht, uns zu den Sternen zu führen. Wenn unser Wissen über die Raumzeit zunimmt, eröffnet dies die Aussicht, dass wir in ferner Zukunft zu Herren über Raum und Zeit werden. ... Die Nutzung der drei wissenschaftlichen Revolutionen ist der erste Schritt zu dem Ziel, das Universum zu unserer Domäne zu machen.*

Gegenüber solch weitreichenden Spekulationen ist daran zu erinnern, dass der Mensch ein sterbliches Wesen ist. Auch die Wissenschaft – bestes Beispiel ist die Sekte

Scientology Church – kann zum Religionsersatz und Opium für das Volk werden. Inzwischen ist jedoch die Öffentlichkeit in Bezug auf wissenschaftlich gestützte Prognosen vorsichtiger geworden. Manches von Experten vorhergesagte Katastrophenszenario, z. B. die Folgen von BSE, SARS, dem Waldsterben, Hühnergrippe, Schweinegrippe, den gesundheitlichen Schäden von Cholesterin usw., musste glücklicherweise im Nachhinein relativiert werden. Da – wie erwähnt – Forscher oft nicht nur den reinen Erfordernissen des Wissenserwerbs, sondern ihren eigenen ideologischen oder materiellen Interessen folgen – wie ließen sich sonst die konträren Gutachten im Bereich der Atomenergie bzw. der Entsorgung des Abfalls von Nuklearanlagen erklären? –, spricht vieles dafür, dass es zukünftig nicht weniger, sondern mehr Wissenschaftskontroversen geben wird. Vor diesem Hintergrund sollten wir die Wissenschaft von der Bürde befreien, in unserem Leben die dominierende Rolle zu spielen. Für einen wirklich aufgeklärten Menschen bietet die Wissenschaft neben der Religion, Philosophie, Ethik, Tradition, Musik, Kunst, Literatur ... nur eine von mehreren Erkenntnis- bzw. Orientierungsquellen.

Heute neigen viele Menschen dazu, in wesentlichen Fragen Experten zu vertrauen. In der Medizin, Ökonomie, Politik, dem Gerichtswesen oder der Umwelt- und Industriepolitik dominieren die Gutachter. Auch in der Pädagogik stützt man sich inzwischen immer mehr auf Expertenwissen. So heißt es auf dem Landesserver Bildung von Baden-Württemberg: *Neuere Ergebnisse der Hirnforschung*

*(Prof. Spitzer) belegen unzweifelhaft!!!, dass ... eigenverantwortliches Arbeiten der Schülerinnen und Schüler die besten und nachhaltigsten Lernergebnisse erzeugt.* Für den sokratischen Zweifel *Ich weiß, dass ich nichts weiß* hat heute niemand mehr Zeit. Dabei hatte schon Immanuel Kant in seiner Schrift *Was ist Aufklärung?* vor zu großer Wissenschaftsgläubigkeit gewarnt. Für Kant lautet der Wahlspruch der Aufklärung nicht: *Vertraue auf die Wissenschaft,* sondern *Sapere aude!,* was soviel wie »*Wage zu denken!*« bedeutet.

In der Tradition von Immanuel Kant stehend hat der französische Philosoph Michel Serres eine realistische Einschätzung des wissenschaftlichen Fortschritts formuliert: *Ich denke, sowohl die Idee des ungebremsten Fortschritts als auch die vernichtende Kritik daran suggeriert eine zu radikale Lösung, die nicht wirklich ernst zu nehmen ist. Der wissenschaftliche Entwicklungsprozess beinhaltet wie sämtliche menschlichen Angelegenheiten etwas Unerwartetes und Unvorhergesehenes, eine Mischung von Gutem und Schlechtem, aus Gewinn und Verlust. Alles hat seinen Preis. Die Wissenschaft wird uns wahrscheinlich weiterhin zahlreiche Vorteile bieten, für die wir jedoch bezahlen müssen.* Serres schlägt vor, den hippokratischen Eid der Ärzte auf sämtliche Wissenschaften auszudehnen. Das heißt, jeder Absolvent einer Universität sollte schwören, dass er seine erworbenen wissenschaftlichen Kenntnisse zum Wohl der Menschen einsetzen will.

*Die Wissenschaft denkt nicht,* heißt eine umstrittene Sentenz von Martin Heidegger, mit der er vor einer Überbewertung der Wissenschaft in der westlichen Welt warnen wollte. Wissenschaft und Technik versuchen mittels Apparaturen, Vorgänge immer reibungsloser und schneller zu gestalten. Die Apparate halten wir *fast für die Stimme Gottes* (Heidegger). Wenn es so weitergeht, droht uns der Sinn für die Nähe zu den Menschen und Dingen verloren zu gehen. Die Wissenschaft dient einem konkreten Zweck, einem konkreten Ziel und errechnet dafür die rationalste Zweck-Mittel-Korrelation. Doch was, wenn uns der Sinn des Lebens zu entgleiten droht? *Ach mein Sinn ist hin ... wo soll ich mich erquicken?* heißt es in der Johannes-Passion von Johann Sebastian Bach. Müssen wir heute nicht noch viel gründlicher und neu fragen? Und brauchen wir dafür nicht Zeit und Geduld? *Der Mensch versucht vergeblich, durch sein Planen den Erdball in eine Ordnung zu bringen, wenn er nicht dem Zuspruch des Feldweges eingeordnet ist.* (Heidegger) Der Feldweg ist ein Ort der Besinnung und des Sichsammelns, er bleibt sich immer gleich, er suggeriert Heimat.

*Reiner Ruffing*

# A

## ADERLASS als Allheilmittel

Im Mittelalter bis ins 17. Jahrhundert galt der Aderlass, bei dem ungefähr 150 bis 180 ml Blut abgenommen wurden, als Allheilmittel gegen jede Art von Krankheit. Nach der Theologin und Philosophin Hildegard von Bingen soll er am ersten bis fünften Tag nach Vollmond beim nüchternen Patienten durchgeführt werden. Er eignet sich – so dachte man damals – zur Heilung von Krankheiten wie der Gicht sowie der Vorbeugung von Herzinfarkten und Schlaganfällen. Nach dem Blutverlust empfiehlt es sich – so die Philosophin –, sich zu entspannen und zu erholen. In dem Stück *Der eingebildete Kranke* hat Jean-Baptiste Molière (1622 – 1673) die zu seiner Zeit für alle möglichen Krankheiten als Heilmethode geltende Praxis des Aderlasses kritisiert. Auf der Bühne wird eine Doktorprüfung dargestellt, bei der nach der Behandlung verschiedener Krankheiten gefragt wird. Zu jeder Frage antworten die Kandidaten der Medizin einheitlich: *Klistieren, zur Ader lassen und purgieren,* worauf der Prüfer feststellt: *Wohl, wohl geantwortet! Würdig, würdig ist er, einzutreten in unsere gelehrte Körperschaft.*

Erst im 18. Jahrhundert wurde erkannt: Der Aderlass ist medizinisch betrachtet kein Universalrezept, sodass die Ärzte nach und nach von dieser Methode abkamen. Allerdings erlebte im 19. Jahrhundert die Blutentnahme durch Blutegel vor allem in Frankreich eine Renaissance. Die Pariser Krankenhäuser hatten zwischen 1827 und 1836 einen Bedarf von jährlich fünf bis sechs Millionen Blutegeln im Wert von anderthalb Millionen Francs, sodass die Blutegel zur Mangelware wurden und von Ungarn und den baltischen Ländern importiert werden mussten. Durch den medizinischen Einsatz von Blutegeln wurde dieser fast ausgerottet. Heute ist er in Europa sowie die Anwendung des Aderlasses nur noch in wenigen Gebieten bzw. Fällen zu finden, zum Beispiel bei der krankhaften Vermehrung der roten Blutkörperchen (Polycythämie). Die Blutverdickung kann durch den Aderlass kurzfristig gemildert werden. Auch bei der Erkrankung des Eisenstoffwechsels (Hämochromatose) sollen Aderlasse helfen. Vielleicht wird zukünftig wieder wichtig, was schon als überholt galt, anders gesagt, man kann nicht wissen, ob der Glaube an die Heilkraft des Aderlasses eine Renaissance erlebt.

## Ein Fünftel aller **ADHS-DIAGNOSEN** sind falsch

Nicht an der Existenz der Krankheit ADHS – *Aufmerksamkeitsdefizit-Hyperaktivitätsstörung* – soll hier gezweifelt werden, sondern an der Art und Weise, wie diese Krankheit häufig diagnostiziert wird. Es gibt nämlich bis heute keine eindeutigen Kriterien dafür, wann ADHS vorliegt. Dies wiederum hat zur Konsequenz, dass Ärzte Kinder und Jugendliche vorschnell als gestört einstufen. In den USA sollen eine Million Kinder (ein Fünftel aller ADHS-Diagnosen) fälschlicherweise als »Zappelphilippe« behandelt worden sein. Wie sollte man es sich sonst erklären, dass die jüngeren Kinder innerhalb der Eingangsklassen mit um 60 Prozent höherer Wahrscheinlichkeit ADHS haben? Vielleicht sind sie in Wirklichkeit einfach nur etwas jünger als ihre Gruppen- oder Klassenkameraden und deshalb im Vergleich noch etwas unreifer und unkonzentrierter. In einer auf Leistung fokussierten Gesellschaft halten Lehrer einen ganz normalen, altersbedingten Rückstand von Kindern oft für eine neurologische Krankheit und schalten Ärzte ein. Vor diesem Hintergrund behauptet der Forscher Todd Elder von der Michigan State University, dass jede fünfte ADHS-Diagnose falsch sei. Interessant ist auch, dass wegen ADHS dreimal so viele Jungen wie Mädchen therapiert werden.

Wie gesagt, es soll nicht bestritten werden, dass ADHS eine Krankheit ist. Doch es gibt eben keinen ultimativen ADHS-Test. Oft werden Kinder, die beim Arztbesuch vielleicht nur unkonzentriert und impulsiv sind, vorschnell als krank eingestuft. In Deutschland befindet sich rein statistisch betrachtet in jeder Klasse ein ADHS-Kind, das Medikamente mit dem Wirkstoff Methylphenidat bekommt. 1993 erwarben die deutschen Apotheken noch 34 Kilogramm dieses Wirkstoffes, während es im Jahre 2009 schon 1735 Kilogramm waren. Viele glauben immer noch, dass ADHS-Patienten genetisch vorbelastet sind, doch neuere Studien bestätigen, dass die Krankheit eher ein soziales Problem ist und aufgrund von Erziehungsfehlern sowie zu hohem Fernsehkonsum oder zu viel Stress entsteht.

## Ich glaub', mich laust der **AFFE**

Von dem französische Naturforscher Georges-Louis Buffon (1707 – 1788) stammt das Wort: *Wenn es keine Tiere gäbe, wäre die Natur des Menschen noch viel unverständlicher, S'il n'existait point d'animaux, la nature de l'homme serait encore plus incompréhensible.* Tiere dienen dem Menschen als Folie für sein Selbstverständnis. Naturgemäß kommt den Primaten eine besonders herausragende Rolle zu. Was unterscheidet den Menschen wesentlich vom Affen? *Nichts,* lautet die Antwort des Naturforschers Carl von Linné (1707 – 1778). Linné führt aus, wie schwer es aus wissenschaftlicher Perspektive ist, die genaue Differenz zwischen anthropomorphen Tieren und Menschen zu bestimmen. *Ich will als Naturforscher den Menschen nach allen Teilen seines Körpers betrachten; und wenn ich dies tue: so finde ich schwerlich ein einziges Merkmal, wodurch der Mensch vom Affen unterschieden werden kann ...* Affen haben eine DNA-Struktur, die nur ein Prozent von der des Menschen abweicht, und verfügen über eine ähnliche Blutzusammensetzung und Immunabwehr wie Menschen.

Oft wird der Unterschied zwischen Tier und Mensch daran festgemacht, dass Tiere keine Kultur besitzen. Der Mensch hantiert mit Dingen, während Schimpansen zwar auch Gegenstände als Werkzeuge benutzen, aber mit diesen recht achtlos umgehen. Schimpansen verwenden die verschiedensten Gegenstände als Werkzeuge. Die Makaken, eine Affenart in Japan, benutzen ein Stöckchen, um Ameisen zu fangen, außerdem verwenden sie Steine wie Hammer und Ambos, um Nüsse zu knacken. Doch – so dachte man bisher – kümmern sie sich nicht weiter um solche Werkzeuge, weisen ihnen keinen besonderen Platz zu, bewahren sie nicht für den späteren Gebrauch auf. Heute wissen wir, dass Schimpansen um die 20 Werkzeuge für völlig unterschiedliche Zwecke benutzen. Sie verwenden Blätter als Serviette, aber auch als Kelle, um an Wasserstellen zu fischen. Sie fasern Stöcke aus, um damit Termiten besser angeln zu können.

Ein weit verbreiteter Irrtum in Bezug auf Schimpansen bezieht sich auf ihr soziales Verhalten, speziell das Lausen. Dabei sitzen sie eng beieinander und durchsuchen Strähne um Strähne. Wenn sich Affen einander das Fell absuchen, suchen sie jedoch keine Läuse, vielmehr dient die Fellpflege der Kontaktaufnahme. Der biologische Fachausdruck dafür heißt *Grooming (engl. to groom = pflegen, bedienen).* Wer wen wie lange »laust«, spielt innerhalb der Horde eine große Rolle. Affen buhlen untereinander um Zuneigung, wollen sich beim Anführer der Gruppe einschmeicheln oder aber Allianzen gegen ihn knüpfen. Früher dachte man, Schimpansen seien eher nette und umgängliche Lebewesen, doch die Primatenforscherin Jane Goodal – sie verbrachte 26 Jahre im afrikanischen Gombe Stream National Park in Tansania, um Schimpansen zu beobachten – fand heraus, dass Affen auf Konkurrenz aus sind und sich nur zu gerne ein Schnippchen schlagen. Unter Primaten können regelrechte Kriege ausbrechen, sogar Kindsmord und Kannibalismus gehören zu ihren dunklen Seiten. Goodal widerlegte außerdem die Annahme, dass in der Horde automatisch die Männchen den Ton angeben, und entdeckte, dass Schimpansen Individuen mit eigenen Erinnerungen und Gefühlen sind. Auf die Frage, ob sie Schimpansen den Menschen vorziehen würde, antwortet sie: *Die Antwort ist leicht, manche Schimpansen zieh ich manchen Menschen vor, und manche Menschen manchen Schimpansen.* Die Durchsetzung ihrer Rangordnung und das Eingehen von Kooperationen unterliegen ständiger Präsenz und Erprobung. Stets muss die Rangordnung aufs Neue hergestellt werden, was mühselige und zeitraubende Rituale der beteiligten Tiere notwendig macht. Wie der Philosoph und Tierrechtler Peter Singer fordert Goodal im Rahmen des *Great Ape Project,* die Menschenrechte auch auf Menschenaffen auszudehnen.

## ARISCHE PHYSIK ist die beste

Ein Hauptproblem moderner physikalischer Theorien liegt in ihrer fehlenden Anschaulichkeit bzw. ihrem Kontrast zu unserer Alltagserfahrung. Nehmen wir als Beispiel Albert Einsteins Relativitätstheorie, wonach die Zeit nicht immer und überall gleich verläuft. Demnach verlangsamt die Gravitationskraft den Gang von Uhren: auf den Alpen vergeht die Zeit minimal schneller als an der Meeresküste. Auch die Geschwindigkeit beeinflusst den Ablauf der Zeit. Bewegte Uhren ticken langsamer als ruhende. In einem Hochgeschwindigkeitszug vergeht die Zeit langsamer als in einem Bummelzug. Wenn einer von zwei eineiigen Zwillingen in einer Rakete mit annähernder Lichtgeschwindigkeit zum Planeten Sirus fährt und wieder zur Erde zurückkommt, ist er um Jahre jünger als sein Zwillingsbruder: sowohl nach Aussage seiner Uhr als auch seinem gesamten subjektiven Empfinden. Zweifelsohne widerspricht dieses bekannte Zwillingsparadoxon unserer alltäglichen Wahrnehmung, wonach die Zeit überall gleich schnell vergeht. Umso erstaunlicher, dass die Physiker Einsteins Hypothesen in den letzten Jahrzehnten mehrfach experimentell bestätigt haben. Das Zwillingsparadox gilt heute als weitgehend bestätigt. So transportierte im Jahre 1972 der Physiker Joseph Hafele eine extrem genaue Cäsiumuhr in einer Düsenmaschine um den Globus und stellte fest, dass die Passagiere des Flugzeugs um den Bruchteil von Sekunden weniger gealtert waren. Heute bestätigen extrem präzise Atomuhren Einsteins Berechnungen.

Ein weiteres Beispiel für die Unanschaulichkeit der modernen Physik ist die »Heisenbergsche Unschärferelation«, die bekanntlich besagt, dass es im Mikrokosmos unmöglich ist, den Ort eines Teilchens, dessen Geschwindigkeit man gemessen hat, genau zu ermitteln. Das kleinste Teilchen narrt die Physiker, wenn es zum Beispiel eine trennende Barriere als Welle untertunnelt, um von A nach B zu kommen. Je genauer man den Ort eines Teilchens misst, desto ungenauer wird eine Messung seines Impulses und umgekehrt, sodass im Extremfall die Festlegung der einen Größe die andere Größe völlig unbestimmt lässt. Heisenbergs physikalische Formel erlaubt zwar nicht die Berechnung einzelner Elementarteilchen, wohl aber deren statistischen Näherungswert. Das alles kann man sich nur schwer anschaulich vorstellen. Die moderne Physik erlaubt zwar die mathematisch richtigen Berechnungen und Messungen im Mikro- und Makrokosmos, aber die konkreten Vorgänge, auf die sie sich beziehen, bleiben im Dunkeln.

Als *arische Physik* bezeichnet man nun eine von den Nationalsozialisten Johannes Stark und Philipp Lenard (beides Nobelpreisträger) vertretene Richtung unter den deutschen Physikern, die die Relativitätstheorie und die Quantenmechanik als »zu abstrakt« und »jüdisch« ablehnten. Die beiden Experimentalphysiker traten für eine »pragmatische Physik« ein. In seinem Lehrwerk *Deutsche Physik* aus dem Jahre 1936 schreibt Lenard *›Deutsche Physik‹ wird man fragen. Ich hätte auch arische Physik oder Physik der nordisch gearteten Menschen sagen können, Physik der Wirklichkeits-Ergründer, der Wahrheitssuchenden, Physik derjenigen, die Naturforschung begründet haben. – ›Die Wissenschaft ist und bleibt international!‹ wird man mir einwenden wollen. Dem liegt aber immer ein Irrtum zugrunde. In Wirklichkeit ist die Wissenschaft, wie alles was*

*Menschen hervorbringen, rassisch, blutsmäßig bedingt.* Das Lehrbuch wurde ohne dieses Vorwort bis in die 50er-Jahre hinein verwendet. Die Anhänger der arischen Physik warfen zum Beispiel der Relativitätstheorie vor, experimentell nicht genügend bewiesen zu sein. Sie selbst wollten nur empirisch bestätigte Theorien zulassen, die man auch nutzen und anwenden könne. Der theoretischen Physik unterstellte man fruchtloses Philosophieren. Werner Heisenberg wurde gar als *weißer Jude* oder *Gesinnungsjude* beschimpft. In der NS-Zeitung *Das schwarze Korps* fiel man über ihn her.

Diese Angriffe führten dazu, dass den Münchner Lehrstuhl für Physik nicht wie vorgesehen Heisenberg bekam, sondern der Physiker Wilhelm Müller. Zunächst wurde die *arische Physik* von Hitler unterstützt, doch mit der Entdeckung der Kernspaltung und deren Anwendungsmöglichkeiten zur Energiegewinnung und im Bereich der Waffentechnik – Stichwort Atombombe – kam es zu einer Kehrtwende. Heisenberg wurde zum Leiter des Uranprojekts ernannt. Interessant ist, dass auch von kommunistischer Seite die abstrakte und moderne Physik als »bürgerliche Ideologie« kritisiert wurde. So heißt es noch in einem 1952! von der sowjetischen Akademie der Wissenschaften herausgegebener Band in einem Aufsatz mit dem Titel »Philosophische Fragen der modernen Physik«: *Das, was Einstein und die Einsteinianer als physikalische Theorie ausgeben, kann als eine physikalische Theorie nicht anerkannt werden. Daraus ergibt sich weiter, dass es keinerlei eigentliche Relativitätstheorie gibt, sondern nur eine Physik der schnellen Bewegung. ... Die Entlarvung des reaktionären Einsteinianismus auf dem Gebiet der physikalischen Wissenschaft ist eine der aktuellsten Aufgaben der sowjetischen Physiker und Philosophen.* Wie die arischen Physiker forderten die sowjetischen einen unmittelbaren und schnellen Nutzen der physikalischen Forschung. Das Beispiel zeigt, dass es keinen Automatismus in punkto Wissenschaftsfortschritt gibt, sondern auch die Naturwissenschaften politisiert werden können. Auch für die Wissenschaftler gilt: *Aus dem Blickwinkel, aus dem man die Welt betrachtet, blinzelt die Welt zurück* (Hans-Martin Schönherr-Mann) und Nietzsches großes Wort über die Wahrheit: *Was also ist Wahrheit? Ein bewegliches Heer von Metaphern, Metonymien, Antropomorphismen, kurz eine Summe von menschlichen Relationen.*

## Erfindung und Verschwinden des ÄTHERS

Im Jahre 1802 entdeckte der britische Arzt und Physiker Thomas Young die Wellennatur des Lichts (vorher nahm man an, es bestünde aus kleinsten Teilchen, den sogenannten Korpuskeln), sodass die Frage entstand, in welchem Medium bzw. Stoff sich die Lichtschwingungen ausbreiten können. Die Physiker gaben die Antwort, dass es einen Weltäther geben muss, der den Transport des Lichts erlaubt, eine These, die für rund 100 Jahre in der Physik Geltung beanspruchte. Man stellte sich den Äther als im Weltraum ruhend vor, wenn ein bewegter Körper ihn durchdrang, dann wurde er teilweise mitgeführt. Die Naturwissenschaftler definierten ihn als ein sehr feines Medium, das alle Stoffe zu durchdringen vermag und das ganze Weltall ausfüllt. Werke über den Äther gehörten zum Kanon an den Universitäten. Auch der amerikanische Physiker Albert A. Michelson vertrat die Äther-Theorie. Er ging davon aus, dass sich die Erde, wenn sie sich mit großer Geschwindigkeit durchs Weltall bewegt, den Äther aufwirbelt, sodass *Ätherwinde* entstehen. Wenn aber der Äther der Träger des Lichts ist, dann müsste sich mit Zunahme der Geschwindigkeit der Ätherwinde auch das Licht schneller bewegen. Um zu überprüfen, ob dies der Fall ist, kam er 1881 auf Einladung des deutschen Physikers Helmholtz nach Potsdam und baute seine Apparatur auf.

Er teilte einen Lichtstrahl mit einem halbdurchlässigen Spiegel in zwei Lichtstrahlen auf, von denen einer nach vorne und der andere nach der Seite lief. Weitere Spiegel warfen die Lichtstrahlen wieder zurück und lenkten sie auf einen gemeinsamen Schirm. Wenn sich die Erde in ihrem Lauf um die Sonne im Ätherwind bewegt, müsste dies Auswirkungen auf die Geschwindigkeit der beiden Lichtstrahlen haben. Derjenige, der sich mit dem Ätherwind bewegt, müsste schneller als der andere sein. Durch die unterschiedlichen Laufzeiten würden sich die beiden Lichtstrahlen auf dem Schirm verschieden überlagern, das heißt, es wären verschiedene Referenzstreifen zu sehen. Doch dies konnte man in diesem und in einem weiteren Experiment, dem berühmten Michelson-Morley-Experiment aus dem Jahre 1887, das eigentlich die Existenz des Äthers hätte bestätigen sollen, nicht signifikant nachweisen. Er selbst war es also, der schließlich die Theorie von der Existenz des Äthers in einem Experiment widerlegte. Einstein tat sich zwar mit dieser Konsequenz zunächst noch schwer, doch einige Jahre später stellte auch er fest: *Da der Äther keinen Einfluss auf die Lichtgeschwindigkeit hat und sich auch sonst nicht nachweisen lässt, kann es keinen Äther geben.* Allerdings wurden in der letzten Zeit in der Quantenelektrodynamik Ideen entwickelt, *nach der wir uns die Welt von einem feinen Äther erfüllt vorstellen müssen, der zu verschiedenen Anregungszuständen fähig ist.* (Paul Feyerabend, Naturphilosophie) Das Entstehen und der Niedergang der Äthertheorie ist für den Wissenschaftsjournalisten William C. Vergara ein Lehrstück in Sachen Wissenschaftsfortschritt: *Die Erfindung und das Verschwinden des Welt- oder Lichtäthers ist ein hervorragendes Beispiel für eine wissenschaftliche Hypothese. Sie dient dazu, Vorgänge zu erklären, für die man sonst keine Deutung weiß. Aber sie ist nur so lange gültig, bis ein kluger Mann kommt, der dieser Arbeitshypothese nicht mehr bedarf und sie durch seine neuen Erkenntnisse über Bord wirft.*

## Wunderfaser **ASBEST**

Als am 11. September das World Trade Center zusammenstürzte, atmeten in der Nachbarschaft Zehntausende die in ihm verbauten Asbestfasern ein. Viele Menschen leiden noch heute unter den Folgen. Dabei galt früher Asbest – es besitzt eine große Festigkeit und ist ungemein hitze- und säurebeständig – als Wunderfaser, die bis zu einer Temperatur von 1.000 Grad beständig ist. Das Wort *Ásbest* leitet sich aus dem Griechischen *asbestos* ab und heißt so viel wie *unvergänglich.* Insbesondere im Ural befinden sich große Vorräte des Minerals. Neben Russland verfügt Kanada über beträchtliche Vorkommen. Doch schon der römische Schriftsteller Gaius Plinius berichtete vom schlechten Gesundheitszustand von Sklaven, die in Asbestbergwerken arbeiteten. Wahrscheinlich litten sie unter der *Asbestose,* also der Staublungenkrankheit, die durch das Einatmen der winzigen Asbestfasern, die in der Lunge eine Vermehrung von Bindegewebe auslösen, was zu Atemnot und sogar zum Tod führen kann, entsteht. Erst im Jahr 1924 hatte ein englischer Arzt den Namen *Asbestose* für die Krankheit geprägt. In den 70er-Jahren des letzten Jahrhunderts fand man heraus, dass die Asbestfäden krebserregend sind. Unter Arbeitern, die mit Asbest zu tun hatten, traten verstärkt bösartige Tumore auf. Sofort nahmen sich die Medien des Themas an und informierten die Öffentlichkeit.

Doch nun kam es zu einem weiteren Irrtum. Denn es entstand eine Hysterie, die erst sehr spät in das Fahrwasser eines vernünftigen Umgangs mit dem Asbestproblem geleitet werden konnte. Aufgrund der Medienberichte wurden nun zahlreiche öffentliche Gebäude, in denen Asbest war, totalsaniert, was Unsummen von Geldern verschlang, aber wenig effektiv bzw. sogar kontraproduktiv war, wie der Fall einer Schule in Hamburg zeigt. In ihr wurde eine relativ hohe Asbestkonzentration festgestellt, obwohl man kein Asbestmaterial in dieser Schule fand. Als man der Sache näher nachging, stellte sich heraus, dass 500 Meter weiter in einem Gebäude gerade eine Totalsanierung von Asbest stattfand und die Asbestfäden in der Schule aus diesem Gebäude stammten. Aufgrund dieser Erfahrung und Statistiken, die belegen, dass das Risiko, von Asbest Krebs zu bekommen, statistisch sehr gering ist, kam es zu einem anderen Umgang mit asbestverseuchten Gebäuden. Heute verzichtet man zunehmend auf eine Totalsanierung und versucht, lediglich Ritzen zu versiegeln, um zu verhindern, dass die Asbestfasern in die Luft gelangen. Oder man greift zu einer anderen radikalen Lösung. Bekanntlich wurde in Berlin der »Palast der Republik«, Prestigebau des Honeckerstaates, nach einigem Hin und Her schließlich wegen Asbest einfach abgerissen.

## ATOMPILZE strahlen nicht

In den Jahren zwischen 1960 bis 1996 wurden allein von Frankreich 210 Atomversuche durchgeführt, bei denen zahlreiche Soldaten verstrahlt wurden. So zündeten die Franzosen 1960 in der Wüste Algeriens unter freiem Himmel eine Atombombe. Nachdem die ehemalige Kolonie unabhängig wurde, folgten 1961 bis 1966 Versuche in Polynesien. Von 1966 bis 1974 gab es 41 Tests unter freiem Himmel, danach nur noch unterirdische Versuche. Die Auswirkungen der Strahlungen, die bei Atombombentests oder Unfällen von Kernkraftwerken (Tschernobyl, Fukushima) freigesetzt werden, wurden lange Zeit unterschätzt. Wenn wir heute Filmaufnahmen von Atombombentests der Amerikaner oder Franzosen aus den 50er-Jahren sehen, können wir kaum glauben, wie nahe die Kamerateams und die verantwortlichen Beobachter am Atompilz standen. Erst später wurde bekannt, dass viele Soldaten und Beobachter bei diesen Tests schwere Strahlenschäden davontrugen und daran starben. An Strahlenschäden sind nach den Atombombenabwürfen von Hiroshima und Nagasaki mehr Menschen gestorben als durch die unmittelbare Explosion.

Irrtümer passieren aber nicht nur den Befürwortern der Atomtechnik, sondern auch deren Gegnern, wie das Beispiel und die Erfahrungen nach dem Unfall in Tschernobyl zeigen. So gab es im Jahre 1995 in den Medien Berichte, wonach an den Folgen der großen Reaktorkatastrophe aus dem Jahr 1986, neun Jahre danach, 125.000 Menschen an den Folgen der radioaktiven Strahlungen gestorben seien. Eine Überprüfung dieser Zahlen durch den Münchner Strahlenbiologen Abrecht Keller ergab jedoch, dass die vom Gesundheitsminister der Ukraine stammenden Angaben nicht stimmen, sondern es sich um die Gesamtzahlen aller Toten aus diesem Zeitraum handelte. In seinem Bericht »10 Jahre nach Tschernobyl«

schreibt Albrecht Keller, dass die Reaktorkatastrophe insgesamt 2.500 Todesopfer forderte.

# B

## BAUCHLAGE und früher Kindstod

Es ist noch gar nicht mal so lange her, dass in den 70er-Jahren des 20. Jahrhunderts Kinderärzte empfahlen, Neugeborene in der Bauchlage schlafen zu lassen, weil dann weniger Speisebrei aus dem Magen in die Speiseröhre zurückfließt. Die Eltern befolgten gerne diesen Hinweis, schliefen die Kinder doch in dieser Lage ruhiger und weinten weniger. Doch nachdem die Babys auf dem Bauch schliefen, starben mehr Kinder an dem rätselhaften frühen Kindstod, Sudden Infant Death Syndrome SIDS, zwischen dem zweiten und vierten Lebensmonat. Schließlich erschien im Jahre 1985 eine Studie, wonach in Hongkong SIDS deutlich weniger vorkommt als in den westlichen Ländern. Als Ursache wurde vermutet, dass in Hongkong die Babys so gut wie nie auf dem Bauch, sondern auf dem Rücken liegen. Diese Annahme wurde in der Folge durch mehrere Untersuchungen bestätigt. Eine entsprechende Aufklärungskampagne führte in Holland dazu, dass die Zahl der SIDS-Fälle um etwa die Hälfte zurückging. Heute gilt die These, dass es einen Zusammenhang zwischen der

Bauchlage und dem frühen Kindstod gibt, als bestätigt. Die Bauchlage ist zwar nicht die einzige Ursache, aber im Zusammenhang mit den anderen Risikofaktoren – niedriges Geburtsgewicht, Luftwegsinfekte ... – wird die Bauchlage als eine große Gefahr für das Leben der Neugeborenen eingeschätzt. In Deutschland stirbt jedes tausendste Kind an SIDS, eine im Verhältnis zu anderen Ländern erhöhte Relation.

## Schwammartige Gehirnkrankheit **BSE**

Die meisten Leserinnen und Leser werden sich daran erinnern, dass vor einigen Jahren aus Angst vor dem Rinderwahn in einer Art Massenhysterie kein Rindfleisch mehr gekauft wurde. Man glaubte, dass die Rinderkrankheit BSE (Bovine spongiforme Enzephalopathie), zu Deutsch *schwammartige Gehirnkrankheit,* auch Rinderwahn genannt, auf Menschen übertragen die Creutzfeld-Jakob-Erkrankung (benannt nach dem Neurologen Hans-Gerhard Creutzfeld) hervorrufen kann. Es wurde vermutet, dass die Creutzfeld-Jakob-Erkrankung zu 90 Prozent durch den Verzehr von verseuchtem Rindfleisch übertragen wird. Als Ursache der Rinderseuche BSE wiederum wurde Tiermehl ausgemacht, wobei aber unklar blieb, weshalb nur Rinder an BSE erkrankten und nicht auch die anderen Säugetiere, die mit Tiermehl gefüttert werden. Außerdem gab es in England erkrankte Tierherden, die kein Tiermehl bekamen. Im Jahre 2000 vertraten die britischen Mediziner Alan und Nancy Cochester die unglaubliche These, dass britische Kühe Futter bekamen, das mit menschlichen Überresten aus Indien verunreinigt war. Da es sich viele Inder nicht leisten können, die Leichen ihrer Angehörigen zu verbrennen, werden sie einfach in die Flüsse geworfen. Die am Flussufer und auf dem Land befindlichen Knochen werden von indischen Bauern eingesammelt. In den 60er- und 70er-Jahren sind offenbar Hunderttausende Tierknochen und andere Kadaverteile ohne größere Kontrollen von Indien nach Großbritannien transportiert worden. Ursprünglich dachte man, dass in den nächsten 10 Jahren die Zahl der Creutzfeld-Jakob-Erkrankungen sprunghaft ansteigen würde, doch im Jahre 2005 konnten britische Forscher Entwarnung geben. In Großbritannien ging die Zahl der Todesfälle von 50 im Jahre 2000 auf neun im Jahre 2004 zurück. Die Annahme liegt nahe, dass damals in der Öffentlichkeit vorschnelle Schlüsse auf mögliche Risiken gezogen wurden.

## Der Arzt und das BURNOUT-Syndrom

Unter *Burnout* versteht man im Allgemeinen den Zustand einer arbeitsbedingten Erschöpfung, Selbstentfremdung und verminderter Leistungsfähigkeit. Heute wird der Begriff allerdings doch sehr inflationär verwendet, sodass der Eindruck entsteht, dass eine ganze Arbeitsgesellschaft psychisch erkrankt ist. Von neun Millionen betroffenen Menschen gehen die Krankenkassen aus. Jeder vierte Arbeitnehmer sei an Burnout erkrankt. Demnach wäre Burnout so etwas wie eine Epidemie, und das, obwohl es noch keine international gültige Beschreibung der Krankheit gibt. Allein der Arzt diagnostiziert das Burnout-Syndrom. Es fehlt den Psychologen an eindeutigen Kriterien, um Burnout von Krankheiten wie Depression und anderen Angsterkrankungen abzugrenzen. Nur sehr schwer lässt sich ein echtes Burnout von einem bloßen Gefühl des Ausgebranntseins unterscheiden. Weil die Krankheit von den Kassen nicht anerkannt ist, diagnostizieren Ärzte Burnout als Form der Depression oder anders klassifizierter psychischer Erkrankungen. Die Ursachen von Burnout sind noch weitgehend unklar. Sind es bestimmte in der eigenen Persönlichkeit liegende Faktoren, die das Symptom auslösen, wie übertriebene Opferbereitschaft, falsch verstandener Idealismus, krankhafter Perfektionismus, oder doch eher gesellschaftliche Faktoren wie veränderte Arbeitsbedingungen, zunehmender Leistungsdruck, wachsende Anonymität und soziale Vereinsamung? Offenbar gibt es eine gesellschaftliche Grundstimmung, die zur Ausbreitung von Burnout führt. Unbestritten ist, dass viele Menschen unter den wachsenden Anforderungen der Arbeitswelt leiden. Doch ob sie dadurch gleich zu Burnout-Patienten werden, ist fraglich.

# C

## CHOLESTERIN ist unschuldig

Ein Arzt sagt zu seinem Patienten nach der Untersuchung: *Machen Sie Schluss mit dem Rauchen! – Ich rauche gar nicht. – Dann Schluss mit dem Alkohol! – Ich trinke doch nur Wasser. – Mmmh … dann Schluss mit dem Wasser!* Dieser Witz soll zeigen, was es mit vielen gutgemeinten Ratschlägen, mit denen Ärzte ihre Patienten von angeblich krank machendem Verhalten abbringen möchten, auf sich hat. Aus heutigem Blickwinkel muss es erstaunen, dass Tabak einst für die Mediziner als gesundheitsförderlich galt, bis man seine tatsächliche Schädlichkeit entdeckte. Zu erinnern wäre an die berühmte Werbung des HB-Männchens, das vor lauter Ärger in die Luft ging, und es im Spot hieß: *Wer wird denn gleich in die Luft gehen? Greife lieber zur HB*, weil das angeblich die Nerven beruhigt! Auf Raucher mag eine Zigarette entspannend wirken, weil sie bei Nikotinabhängigen die Entzugserscheinung dämpft. Doch die Raucher bekämpfen mit einer Zigarette lediglich einen Stress, den der Nichtraucher gar nicht erst kennt.

Gesundheitliche Ratschläge, die zu einer gewissen Zeit

gegeben wurden, werden heute als extrem gefährlich eingeschätzt. So wurde lange Zeit die Gefahr des Alkoholgenusses unterschätzt. Im 17. Jahrhundert lesen wir in John Lockes *Gedanken über die Erziehung (1693)*, dass man den Kindern gewohnheitsmäßig Wein und Spirituosen gab. Locke selbst empfahl Edward Clarke, dem Vater seiner Eleven, ihnen Dünnbier zu geben. Noch im 19. Jahrhundert sprach der britische Arzt Robert Bentley Todd von der universell segensreichen Wirkung des Alkohols.

Zu einer Fehleinschätzung kam es auch in den 50er-Jahren des letzten Jahrhunderts in Bezug auf zu viel Cholesterin im Blut als Risikofaktor für Herzinfarkte. Damals wurde ein Herzinfarkt so erklärt: Cholesterin lagert sich v. a. an der Gefäßinnenhaut der Herzkranzgefäße ab. Der Belag verdickt sich, und wenn die Plaque platzt, ergießt sich der Fett- und Zellschrott in die Blutbahn und verstopft die Gefäße, was dazu führt, dass das Herzmuskelgewebe nicht mehr genügend durchblutet wird. Es kommt zum Herzinfarkt. Es ist jedoch nicht so, dass hohe Cholesterinwerte zwangsläufig zur Gefäßverengung und zum Herzinfarkt führen. In den 80er-Jahren bewiesen Studien, dass es bei fast der Hälfte der Patienten, die keine erhöhten Cholesterinwerte im Blut nachgewiesen bekamen, zu einem Herzanfall kam. Daher nimmt man heute an, dass der Infarkt keine Folge erhöhter Cholesterinwerte, sondern einer Entzündung ist. Menschen, die erhöhte Werte der bei Entzündungen freigesetzten Botenstoffe Interleukin-6 oder das C-reaktive Protein (CRP) aufweisen, tragen ein größeres Herzinfarktrisiko. Unter Kardiologen ist man deshalb der Auffassung, dass die medikamentöse Senkung der Blutfettwerte Herzpatienten kaum einen Nutzen bringt. Auch fand man heraus, dass Rind-, Schweine- oder Lammfleisch nicht grundsätzlich Herzinfarkt oder Diabetes begünstigt. Wenn es sich allerdings um gepökeltes, geräuchertes und mit Zusätzen konserviertes Fleisch (Schinken, Speck und Wurst) handelt, erhöht dies das Herzinfarkt-Risiko. Cholesterin ist also am Herzinfarkt unschuldig, die Verursacher sind eher Salz und andere Zusatzstoffe in der Nahrung.

## Lehren aus dem CONTERGAN-Skandal

Im Jahre 1957 kam ein neues, nicht rezeptpflichtiges Schlafmittel in Form von Tabletten, Tropfen und Zäpfchen auf den Markt: Contergan. Allein in Deutschland wurde das Medikament im Jahre 1961 von 700.000 Menschen regelmäßig eingenommen, weil es einen gesunden und erholsamen Schlaf ohne Nebenwirkungen versprach. Auch viele schwangere Frauen nahmen Contergan ein. Nach einem Jahr waren es dann zuerst Kinderärzte, denen bei Neugeborenen ein erhöhter Prozentsatz an Missbildungen der Gliedmaßen auffiel. Die Kinder hatten verkürzte Extremitäten, an denen einzelne Finger oder Zehen wuchsen. Hinzu kamen Fehlbildungen an den Augen und Ohren. Anfang 1961 wies der Humangenetiker Widukind Lenz mit großem Mut – er setzte seine Karriere aufs Spiel – auf einen möglichen Zusammenhang zwischen Fehlbildungen und der Einnahme von Contergan hin, woraufhin im November 1961 die Pharmafirma Grünenthal das Medikament vom deutschen Markt nahm. In Deutschland waren aber schon 7.000 Kinder schwer geschädigt, deren Eltern von Grünenthal Schadensersatz verlangten. Die Gerichtsverhandlung erwies sich als äußerst kompliziert, Grünenthal konnte darauf verweisen, alle vorgeschriebenen Tests durchgeführt zu haben. Schließlich wurde ein Fond für die Conterganopfer eingerichtet, in den Grünenthal 110 Millionen und der Staat 100 Millionen DM einbrachten. Erst 1976 beschloss der Bundestag ein Arzneimittelgesetz, das ein bundeseinheitliches Verfahren zur Medikamentenkontrolle vorsieht. Mit diesem Gesetz wurde die Lehre aus dem Contergan-Skandal gezogen. Nun erhält jedes Medikament auf seiner Verpackung eine Zulassungsnummer, die belegt, dass es an mindestens 100 bis 300 Personen getestet wurde. Jedes neu zugelassene Medikament bleibt für fünf Jahre rezeptpflichtig. Zeigen sich Komplikationen und Risiken, kann das Medikament von dem Bundesinstitut für Arzneimittel und Medizinprodukte (BfarM) wieder vom Markt genommen werden.

# D

## DDT – Verhungernde kennen kein Restrisiko

Bei DDT (Dichlordiphenyltrichlorethan) handelt es sich um ein stark wirkendes Insektenvernichtungsmittel, das 1847 erstmals von dem österreichischen Chemiker Othmar Zeidler hergestellt wurde. Das Gift wirkt auf das Nervensystem der Insekten, es führt zu einem spontanen »Feuern« der Neuronen (Nervenzellen) und blockiert letztlich die Übergänge zwischen Nervensystem und Muskulatur. Es kommt im Verlauf einiger Stunden zu einer Lähmung, an der das Insekt verendet. Erstmals wurde DDT 1941 zur Bekämpfung von Schädlingen eingesetzt. Nach dem Zweiten Weltkrieg konnten gegen den Kartoffelkäfer, gegen die Anopheles-Mücke, die Malaria, Fleckfieber und Gelbfieber überträgt, große Erfolge erzielt werden. 1963 wurden weltweit 100.000 Tonnen des Giftes eingesetzt, vor allem in den tropischen Ländern, um Krankheiten wie Malaria, Fleckfieber, Typhus und Cholera einzudämmen. Erkrankungen wie Typhus, Pest, Malaria und Cholera wurden drastisch reduziert. DDT hat vermutlich mehr Leben gerettet als alle Antibiotika zusammen.

Im Pazifik wurden vom Flugzeug aus ganze Inselgruppen mit DDT besprüht.

Es stellte sich jedoch bald heraus, dass das Insektizid in die Nahrungskette gelangt und sich im Fettgewebe von Tieren und Menschen ansammelt. Wegen seiner chemischen Stabilität ist es für einige Tiere wie z. B. Fische und Krebse tödlich. DDT ist auch für Bienen gefährlich. Beim Menschen können höhere Werte Krebs erzeugen oder Schweißausbrüche und Übelkeit bewirken. Es kann zu einer reduzierten Muttermilchproduktion kommen, möglicherweise auch zu Fehlgeburten und Entwicklungsstörungen. Im Jahre 1962 veröffentlichte die amerikanische Biologin Rachel Carson ihren Roman *The Silent Spring*, in dem sie auf die Gefahren von DDT hinweist. Im ersten Kapitel schreibt sie eine Negativ-Utopie. *Es herrschte eine ungewöhnliche Stille. Wohin waren die Vögel verschwunden? Viele Menschen fragten es sich, sie sprachen darüber und waren beunruhigt. Die Futterstellen im Garten hinter dem Haus blieben leer. Die wenigen Vögel, die sich noch irgendwo blicken ließen, waren dem Tode nah; sie zitterten heftig und konnten nicht mehr fliegen. Es war Frühling ohne Stimmen. Einst hatte in der frühen Morgendämmerung die Luft widergehallt vom Chor der Wander- und Katzendrosseln, der Tauben, Hühner, Zaunkönige und unzähliger anderer Vogelstimmen, jetzt hörte man keinen Laut mehr; Schweigen lag über den Feldern, Sumpf und Wald.*

1963 übergab der wissenschaftliche Berater J. B. Wiesner Präsident John F. Kennedy einen Bericht, in dem festgestellt wurde, dass die unkontrollierte Verwendung giftiger Chemikalien eine potenziell größere Gefahr darstellt als der radioaktive »Fallout« der A-Waffen-Tests. Inzwischen ist die Produktion und der Einsatz von DDT in den USA (seit 1972) und in den meisten europäischen Ländern verboten. Seit der Stockholmer Konvention im Jahre 2004 ist DDT nur noch zur Bekämpfung krankheitsübertragender Insekten, vor allem gegen die Überträger der Malaria, erlaubt. In den Entwicklungsländern wird DDT allerdings noch heute angewendet. In Bezug darauf hat die einstige Ministerpräsidentin von Indien, Indira Ghandi, den Satz geprägt: *Verhungernde kennen kein Restrisiko.*

# E

## Unterschätztes ERDZEITALTER

Über das Alter der Erde ebenso wie über ihre Entstehung haben sich die Menschen schon immer Gedanken gemacht. Im 17. Jahrhundert errechnete ein gewisser James Usher aus den Lebensdaten der biblischen Gestalten, dass Gott die Erschaffung der Welt am Sonntag, dem 23. Oktober 4004 vor Christus, um 8 Uhr morgens abschloss. Im 19. Jahrhundert war der englische Lord Kelvin am Ende seines Lebens der Meinung, dass die Erde 24 Millionen Jahre alt sei. Es war ein gewaltiger Paradigmenwechsel in der Erforschung des Erdzeitalters – und neben den Entdeckungen von Kopernikus und Darwin ein weiterer Schlag für das Selbstbewusstsein der Menschen –, als im gleichen Jahrhundert der Geologe Charles Lyell behauptete, dass das Alter der Erde bislang unterschätzt wurde und in keiner Relation zur Kürze der Menschheitsgeschichte steht. Für Charles Darwin war das schier unermessliche Alter der Erde ein wichtiger Hinweis für seine Evolutionstheorie. Es kam einem großen wissenschaftlichen Fortschritt gleich, als der britische Physiker Ernest Rutherford zu Beginn des 20. Jahrhunderts eine Methode – die sogenannte absolute Datierung – fand, mit der man das Alter der Erde genau berechnen konnte. Mit Rutherfords Methode wird die Konzentration radioaktiver Elemente in Mineralien gemessen und daraus das Alter der Mineralien bestimmt. Einige aus Grönland stammende Urgesteine konnten auf 3,7 Milliarden Jahre geschätzt werden. Heute wissen wir, dass die Erde durch gewaltige Kollisionen im Weltall entstanden ist, bei denen sie immer wieder mit anderen Planeten verschmolz. Einer dieser Zusammenstöße ließ den Mond entstehen. Die Erde hat sich ungefähr 100 Millionen Jahre nach der Entstehung unseres Sonnensystems gebildet und ist etwa 4,56 Milliarden Jahre alt.

## Im Labyrinth der **EUGENIK**

Eine zentrale Aussage eugenischen Denkens lautet, dass die Vererbung wichtiger geistiger Fähigkeiten durch soziale, politische oder pädagogische Maßnahmen beeinflusst werden kann. In seinem bekannten Vortrag mit dem Titel *»Regeln für den Menschenpark«* auf Schloss Elmau hat der Philosoph Peter Sloterdijk in diesem Sinn argumentiert und die sogenannte Sloterdijk-Debatte um den Gebrauch der Gentechnik provoziert. Sloterdijk behauptete damals, dass in Europa ein bestimmter Typus von Mensch generiert werden soll: Es seien im Wesentlichen vernunftgesteuerte Menschen, gekennzeichnet durch Selbstbeherrschung und Triebunterdrückung, die im

Abendland als Vorbilder gegolten hätten. Da es Bestenauslese schon immer gegeben habe, sei nicht einzusehen, weshalb man sich prinzipiell über *Anthropotechniken* wie Genmanipulationen, Keimbahntherapien und Genomanalysen aufrege. Zukünftig werde sich die Technik sowieso immer mehr mit der Natur des Menschen befassen. Sloterdijk sieht den Menschen im Wesentlichen als seinen eigenen Züchter, wobei man sich noch nicht genügend Gedanken über das eigentliche Wesen des Menschen gemacht habe. Seine Position hat Sloterdijk damals den Faschismusverdacht eingebracht.

Auch in der Debatte um Thilo Sarrazins Buch *Deutschland schafft sich ab* spielte die Eugenik eine Rolle. Sarrazin behauptet, dass menschliche Intelligenz zu 50 bis 80 Prozent erblich ist. *Durch Umwelteinflüsse lässt sich die Begabung eines Mozarts nicht erklären.* (Sarrazin) Doch wie steht es in Wirklichkeit mit den Vererbungsprozessen in Bezug auf Intelligenz und sind sie steuerbar? Skepsis ist angebracht! Die Frage der Erblichkeit von mentalen Eigenschaften beim Mensch ist in der Wissenschaft sehr umstritten. Während die einen davon ausgehen, dass es sinnvoll ist, nach Faktoren der Vererbbarkeit von Intelligenz zu forschen, lehnen die anderen dies als sinnloses Unterfangen ab. Unter Biologen ist es mittlerweile Konsens, dass es kein Intelligenz-Gen gibt, auch keine klare Gendisposition für mehr oder weniger Intelligenz. Der Professor für Biologische Psychologie in Mainz, Manfred Velden, behauptet, dass die Erblichkeit mentaler Eigenschaften beim Menschen in einem Maße populationsspezifisch ist, dass sich keine allgemein verbindlichen Aussagen machen lassen. Die Erblichkeit eines Merkmals lasse keine Aussage darüber zu, inwieweit sich das Merkmal durch Umweltinterventionen ändern lässt. Anders gesagt, besser, als »bildungsfernen Schichten« mangelnde Intelligenz zu attestieren, ist es zu versuchen, ihren Habitus zu verändern, d. h. sie durch geeignete sozialpolitische Maßnahmen dazu anzuregen, sich ins deutsche Kultur-, Bildungs- und Sozialsystem zu integrieren.

# F

## Zur FETTVERBRENNUNG muss man schwitzen

Immer noch wird oft behauptet, dass beim Abnehmen durch Sport die Ausdauer entscheidend ist. Erst nach 30 Minuten – so lautet eine weit verbreitete Meinung – setze die Fettverbrennung ein. Doch in Wirklichkeit ist es anders. Schon zu Beginn jeder Bewegung setzt der Fettstoffwechsel ein, er ist nahezu immer aktiv, sogar wenn sich jemand gar nicht bewegt. Am wichtigsten bei der Verbrennung von Fett ist – so Prof. Ingo Froböse vom Zentrum für Gesundheit der Deutschen Sporthochschule –, dass den Muskeln genügend Sauerstoff zur Verfügung steht. Auch beim gemütlichen Laufen ohne zu schwitzen wird also durch den Stoffwechsel Fett verbrannt.

## FRAUEN sind unvollkommene Männer

*Man wird nicht als Frau geboren, man wird dazu gemacht,* heißt der erste Satz des berühmten Werkes *Das andere Ge-*

*schlecht* von Simone de Beauvoir. In dem 1949 veröffentlichten Buch, das als das theoretische Schlüsselwerk der Frauenbewegung gilt, geht de Beauvoir der Frage nach, welche Konsequenzen es für Frauen hat, dass ihr Leben von der Beziehung zu ihren Männern und Vätern bestimmt wird. Das Buch wurde ein Welterfolg! Es seien – so de Beauvoir – zwei Schwächen der Frauen, die die Männer ausnutzen: zum einen ihr Kinderwunsch und zum anderen der Bindungswille an den Mann und die Familie. Während sich der Mann über seinen Geist definiere, werden Frauen de Beauvoir zufolge über ihre körperlichen Merkmale bewertet. Frauen sollen sich um die Reproduktion (Kinder bekommen, Hausarbeit) kümmern. Eine aktive Rolle in der Gesellschaft sei ihnen dadurch weitgehend verwehrt. De Beauvoir vertritt die provokante These, dass die Männer die Frauen zum »anderen Geschlecht« gemacht hätten, das heißt, sie hätten sich selbst im Laufe der Geschichte den Status des Subjekts zugesprochen und die Frauen zu bloßen Objekten degradiert. Kurz: die Mutterschaft sei eine geschickte Strategie, die Frauen in Abhängigkeit zu bringen.

De Beauvoirs Behauptung, dass man nicht als Frau geboren, sondern dazu gemacht wird, bedeutet natürlich nicht, dass man als Mann oder Frau seine Geschlechtsmerkmale negieren könnte. De Beauvoir weist allerdings darauf hin, dass man wegen seines Geschlechts nicht auf eine bestimmte soziale Rolle festgelegt sein muss, sondern dies eine Frage der kulturellen Konditionierung sei. Es sei z. B. nicht determiniert, welches die Pflichten einer Frau oder die eines Mannes sind. De Beauvoir zufolge sind es in erster Linie gesellschaftliche Konventionen, die festlegen, was von einem Mann oder einer Frau erwartet wird. Viele Menschen sind nach wie vor der Meinung, dass es die oberste Pflicht und Bestimmung der Frau ist, Kinder zu bekommen, weil das von der Natur so vorgesehen sei. Gegen eine solche Argumentation wehrte sich Simone de Beauvoir. Frauen könnten in keiner Weise zur Mutterschaft verpflichtet werden. In ihrem Buch untersucht sie das Bild der Frau im Verlauf der Geschichte und setzt sich mit Mythen über das Wesen der Frau auseinander.

Ein solcher Mythos über Frauen stammt zum Beispiel von dem griechischen Philosophen Aristoteles. Er ging davon aus, dass es unter den Menschen eigentlich gar keine zwei Geschlechter gebe, sondern nur eine Gradabstufung. Für ihn sind Frauen unvollkommene Männer. Auf diese merkwürdige Idee kam er bei der Beobachtung des Tierreiches, wo in den meisten Arten die Männchen prächtiger ausgestattet sind als die Weibchen, man vergleiche etwa das Gefieder eines männlichen Pfaus mit dem einer Pfauhenne. Insbesondere die Fähigkeit der Frauen zu denken und vernünftige Schlüsse zu ziehen, stellte er infrage. Im Hintergrund steht natürlich das Wertesystem und Schönheitsideal im alten Griechenland, wo im Unterschied zu heute der männliche und nicht der weibliche Körper als Schönheitsideal galt. Bei den damaligen olympischen Spielen kämpften die Männer nackt. Frauen durften an den Kämpfen nicht teilnehmen, wurden in gesonderten Schulen wie die der berühmten Dichterin Sappho auf ihr Ehe- und Hausfrauendasein vorbereitet. Männerstatuen zeigten den nackten Körper, während Frauen in ihren Gewändern abgebildet wurden. In der virilen Gesellschaft der Griechen galt die Frau als unvollkommene Version des Mannes und war nachrangig.

Das sollte sich in Teilen erst im Mittelalter und unter dem Einfluss des Christentums ändern. In der mittelalterlichen Lyrik erscheint die Frau als engelsgleiches Wesen. Es entstand ein regelrechter Kult um die Frau. Im 19. Jahrhundert ebneten eine Reihe von Frauen und Männern wie Rahel Varnhagen und John Stuart Mill zwar nach und nach den Weg zur Emanzipation der Frau, andererseits glaubten Wissenschaftler wie der Franzose Paul Broca (1824 – 1880) anhand des geringeren Gewichts des weiblichen Gehirns anatomisch nachweisen zu können, dass Frauen dem Mann geistig unterlegen sind. Von Broca stammt die wenig geistreiche Bemerkung: *Doch dürfen wir nicht vergessen, dass Frauen im Durchschnitt ein bisschen dümmer sind als Männer, ein Unterschied, den man nicht übertreiben sollte, der aber nichtsdestoweniger real ist.*

Ein anderes wissenschaftliches Traktat aus jener Zeit mit dem Titel *Über den physiologischen Schwachsinn des Weibes (1900)* stammt von dem deutschen Neurologen und Psychiater Paul Julius Möbius (1853 – 1907). In ihm ruft er die europäischen Männer dazu auf, der Intellektualisierung der Frauen Einhalt zu gebieten. *Ich habe auseinandergesetzt, dass, wenn die Wünsche der Feministinnen erfüllt werden, die Geburtenziffer soweit sinken müsse, dass der Stand oder das Volk sich nicht erhalten kann.* In diesem Buch eines damals anerkannten Wissenschaftlers finden sich Sätze wie: *Körperlich genommen ist, abgesehen von den Geschlechtsmerkmalen, das Weib ein Mittelding zwischen Kind und Mann und geistig ist sie es, wenigstens in vielen Hinsichten.* Oder: *Einer der wesentlichen Unterschiede ist wohl der, dass der Instinkt beim Weibe eine größere Rolle spielt als beim Manne. Der Instinkt nun macht das Weib tierähnlich, unselbstständig, sicher heiter. … Mit dieser Tierähnlichkeit hängen sehr viele Eigentümlichkeiten zusammen, zunächst der Mangel eigenen Urteils.*

Heute wehren Frauen sich in Gender-Studies gegen jede Art geschlechtlicher Diskriminierung. Der Begriff »Gender« stammt aus der Sexualpsychologie und meint, dass es das biologische Geschlecht gar nicht gebe. Die bekannteste Vertreterin der Gender-Studies ist die amerikanische Philosophin Judith Butler. Sie löst sich vom Konzept des biologischen Geschlechts, um die Bedeutung der individuell gefühlten Geschlechtszugehörigkeit zu betonen. Butler vertritt die provokante These, dass die Einteilung der Kinder in Jungen und Mädchen willkürlich ist, ebenso könnte man die Neugeborenen auch nach ganz anderen Gesichtspunkten unterscheiden, etwa in Große und Kleine, Dicke oder Dünne usw.

In der Annahme eines Geschlechts liegt für Butler schon eine erste willkürliche Zuweisung von Identität. In ihrem Hauptwerk *Das Unbehagen der Geschlechter* vertritt sie die Auffassung, dass die Heterosexualität nicht »natürlich«, sondern eine soziale Zuschreibung ist. Jede Gesellschaft wende Verfahren (Institutionen, Prozeduren, Praktiken, Redetechniken) an, die dafür sorgten, dass Parameter wie die Geschlechtereinteilung in maskulin und feminin als selbstverständlich hingenommen werden müssen und andere ungesagt bleiben. Sexualität ist mithin für Butler nicht biologisch vorgegeben, sondern durch sprachliche Praktiken konstruiert. Butler kritisiert an einigen Vertreterinnen der Frauenbewegung, dass sie immer noch an der Differenz zwischen männlich und weiblich festhalten, anstatt die Sexualität wirklich pluralistisch und individuell zu verstehen. Heute gilt als nahezu sicher, dass die Identifizierung mit einem Geschlecht nicht nur von den Erbanlagen, sondern in großem Ausmaß von der Sozialisierung eines Menschen abhängt. Prominentes Beispiel ist der Dichter Rainer-Maria Rilke, der von seiner Mutter wie ein Mädchen erzogen wurde. Auf Kindheitsfotos trägt er lange Haare und ein Kleid. Als er zum Militär eingezogen wird, erleidet er in der für ihn völlig ungewohnten Männergesellschaft einen Schock. Noch im selben Jahr wird er wegen gesundheitlicher Probleme entlassen.

# G

## GEN fürs Kettenrauchen

Ist der Mensch von Natur aus gut oder böse? Der englische Philosoph und Staatstheoretiker Thomas Hobbes (1588 – 1679) war letzterer Meinung: Er vertrat einen *psychologischen Egoismus.* Seiner Meinung nach bekriegen sich die Menschen wegen ihres Selbsterhaltungstriebes. *Der Mensch ist des Menschen Wolf.* Wenn es keinen Staat gäbe, käme es im Naturzustand zum Krieg aller gegen alle. Dagegen definiert Jean-Jacques Rousseau (1712 – 1778) die menschliche Konstitution als von Natur aus gut; erst die gesellschaftlichen Konventionen hätten den Charakter verdorben. Karl Marx begriff den Menschen als ein gesellschaftliches Wesen, das über die konkreten Umstände seiner gesellschaftlichen Arbeit als *homo laborans* zu verstehen sei. Mit Friedrich Nietzsche setzte eine Kritik ein, das Wesen des Menschen zu bestimmen, da der Mensch *das nicht festgestellte Tier* sei. Der Mensch formt sich gemäß den Umständen jedes Mal neu.

An diese Position knüpfen neueste Forschungen aus der Biologie an. Heute nimmt man an, dass sich Gene und

Umwelt gegenseitig beeinflussen, der Lebensstil die Biologie sogar verändern kann. Es ist nicht so, wie die Genforscher lange Zeit glaubten, dass das Verhalten der Menschen von einer weitgehend unwandelbaren Erbsubstanz abhängt. Erfahrungen, Erlebnisse, Umwelteinflüsse steuern die Gene, äußere Einwirkungen können ihr konkretes Funktionieren aktivieren oder ausschalten. *Gene und Umwelt stehen sich gar nicht alternativ gegenüber – sie wirken stets im Zusammenspiel,* heißt es in einem diesbezüglichen Bericht in der Zeitschrift *Der Spiegel (32/2010).* Auch das zwischenmenschliche Zusammenspiel wirkt sich auf das Erbgut aus. *An immer mehr Beispielen erkennen Forscher, wie die Umwelt dem Erbgut ihren Stempel aufdrückt. Babys, die von einer Mutter liebevoll gestreichelt werden, sind darum offenbar als Erwachsene gegen Stress gefeit,... Menschen, die meditieren, verändern tatsächlich die Architektur ihres Gehirns... eineiige Zwillinge können in ihrem Verhalten grundverschieden sein.* Diese Position vertritt auch der buddhistische Mönch Matthieu Ricard, der davon ausgeht, dass der Mensch durch Meditation und geistige Achtsamkeit den Verlauf seiner Gehirnströme in die gewünschte Richtung lenken kann. Es liegt in der Hand des Menschen, ob er seine guten Potenziale entwickelt und trainiert.

Beflügelt von der Entzifferung des menschlichen Erbgutes suchten die Forscher für jede Krankheit, jedes Fehlverhalten nach einem entsprechenden Gen: ein Gen für das Kettenrauchen, für den Herzinfarkt, Krebs, Methusalem-Gen usw. Es wurde Mode, nach genetischen Erklärungen für Gesundheit und Krankheit zu suchen. Doch bisher sind die Biologen nicht fündig geworden. Vielleicht jagt man dabei einem Phantom nach und es gibt die entsprechenden Gene z. B. für Dummheit und Faulheit, Traurigkeit, Boshaftigkeit und Gutmütigkeit überhaupt nicht. Zwar gibt es rund 7.000 Erbkrankheiten, doch ihre Verbreitung ist in der Bevölkerung eher gering. Für die häufig vorkommenden Krankheiten wie Krebs, Diabetes, starkes Übergewicht oder gar Charaktereigenschaften fand man bisher keine entsprechenden Gene. Das Erbgut ist veränderbar. Zu den Faktoren, die dies bewirken, zählt auch die Nahrung. Bienenlarven, denen man unterschiedliche Nahrung gab, verwandelten sich entweder in Arbeitsbienen (Honig, Pollen) oder fruchtbare Königinnen (sie wurden mit einem besonderen Futtersaft, einem Gelée Royal, gefüttert). Schon der griechische Arzt Hippokrates wusste: *Eure Nahrungsmittel sollen eure Heilmittel und eure Heilmittel sollen eure Nahrungsmittel sein.* Die Argumentation, so können wir zusammenfassen, in Bezug auf die Gene hat sich verändert. Gene sind kein Schicksal, sie sind plastisch, veränderbar. Wir sind keine Marionetten unserer Gene. Sie bestimmen unser Leben weniger, als viele glauben. Jeder Mensch hat durch seinen Habitus den größten Einfluss auf sein Leben und seine Gesundheit. Es gibt kein Mathe- oder Musik-Gen. Unser Leben ist veränderbar.

# Fiktion GRAVITATION

Zwar hat der englische Physiker Isaac Newton die Gravitation und die Formel zur Errechnung der Schwerkraft entdeckt, doch das Errechnen der Schwerkraft ist etwas anderes, als den Grund bzw. die Ursache für die Anziehung der Materie angeben zu können. Was genau ist es, das die Anziehungskraft der Köper bewirkt? Wir folgen hier den Überlegungen des alternativen Physikers Jochen Kirchhoff, der das mechanische Weltbild Newtons kritisiert und wie der italienische Renaissancephilosoph Giordano Bruno einen Pantheismus (griech. Pan = alles, theós = Gott) vertritt. Demnach ist die Erde keine tote Materie, sondern ein lebender Organismus. Hier soll nicht die These vertreten werden, dass Kirchhoff Recht und Newton sich girrt hat, sondern wir wollen lediglich zum Nachdenken über das moderne physikalische Weltbild anregen. Kirchhoff versucht, ähnlich wie Fritjof Capra, die Naturwissenschaft ganzheitlich zu denken. Für ihn sind der Kosmos und das Ich näher, als wir denken, auch das All und die Erde sind von einer Seele durchdrungen. Die Erde schwebt im Raum, sie wird nicht von Seilen gehalten. Vielmehr hat ihr Schweben etwas Spielerisches, Spirituelles. Auf der Erde liegt eine ungeheure Last von Materie, die laut Newton gemäß mechanischen Gesetzen zu ihrem Mittelpunkt drängt, aber als Ganzes genommen, schwebt die Erde auf geheimnisvolle – und auch von Newton nicht zu entschlüsselnde – Weise im All. *Wer den Gegensatz von Schwere (der Erdschichten zum Erdmittelpunkt hin) und Schweben (des Erdganzen im Raum) begreift, hat den Schlüssel zum Rätsel der Gravitation.* (Kirchhoff)

Nach Kirchhoff sind es Strahlungen und nicht Newtons und Einsteins mechanische Gesetze, die die Harmonie unter die Gestirne bringen. Außer auf Giordano Bruno bezieht sich Kirchhoff auf Georg Wilhelm Hegel und Friedrich Schelling, wenn er schreibt: *Schelling und Hegel scheinen dies, zeitweise wenigstens, geahnt zu haben, daher ihr wiederholter Hinweis darauf, dass Schwere im Kern ein Streben der Vielheit zur Einheit, zu dem Einen bedeutet.* Zusammengefasst stellt Kirchhoff die These auf, dass die universelle Massenanziehung (Gravitation) eine Fiktion ist. Um zu zeigen, dass alles im Kosmos in einem universelleren Sinnzusammenhang steht, als es die Mechanik eines Newton zum Ausdruck bringen kann, zitiert Kirchhoff in seinem Werk *Die Anderswelt* den Raumfahrer Edgar Mitchell, der in seinem Buch *Wege ins Unerforschte* über seinen Rückflug vom Mond zur Erde schreibt: *Was ich während der dreitägigen Rückkehr zur heimatlichen Erde erlebte, war so etwas wie ein überwältigendes Gefühl universalen Verbundenseins. Ich fühlte tatsächlich, was gern als Ekstase der Einheit beschrieben wird ... Und ich hatte das Empfinden, unsere Präsenz als Raumfahrer sowie die Existenz des Universums selbst war nichts Zufälliges, sondern ein intelligenter Prozess. Ich nahm das All als ein in gewisser Weise bewusstes Universum wahr. ... Als ich dann über die Erde hinaus sah und das größere Bild in seiner ganzen Pracht vor Augen hatte, erkannte ich mit einem Mal, dass das Universum nicht so beschaffen ist, wie man mich gelehrt hatte. Ich war bestürzt. Ich hatte es so verstanden, dass jene Himmelskörper in ihrer Verschiedenheit von uns getrennt sind und sich relativ unabhängig bewegen. Dieses Verständnis war plötzlich zerstört. Anstelle dessen stieg eine neue Einsicht in mir auf, mit der sich ein Gefühl allgegenwärtiger Harmonie verband – ein Verbundenheitsgefühl mit den Himmelskörpern, die unser Raumschiff umgaben ... Der Mensch ist Teil eines kontinuierlichen Entwicklungsprozesses, und dieser ist grandioser und intelligenter, als die klassische Wissenschaft und die religiösen Traditionen es bislang richtig beschreiben konnten.*

## Selbstzweifel und GRIPPALER INFEKT

Wenn wir häufig unter Erkältungskrankheiten leiden, suchen wir die Ursache dafür, dass unser Immunsystem versagt hat, bei uns selbst, weil wir in der letzten Zeit vielleicht zu viel gearbeitet oder zu viel Stress gehabt haben. Haben wir zu wenig Sport getrieben, zu ungesund gelebt, zu wenig Obst und Gemüse gegessen? Folgt man jedoch neuesten wissenschaftlichen Erkenntnissen, sind selbstzweiflerische Überlegungen zukünftig überflüssig. Demnach sind die unangenehmen Begleiterscheinungen eines grippalen Infekts – Husten, Schnupfen, Gliederschmerzen – die Folge nicht eines zu schwachen, sondern zu starken Immunabwehrsystems. Virologen haben herausgefunden, dass die Grippeviren erst schleichend in den Körper eindringen. Bemerkt unser Immunsystem die Erreger, werden die Körperabwehrkräfte mit aller Macht aktiviert. Je stärker das Immunsystem ist, desto heftiger die unangenehmen Begleitumstände der Erkältungskrankheit. Es nutzt deswegen nichts, die Körperabwehr durch Medikamente oder Nahrungsergänzungen noch zusätzlich zu stärken, das lindert nicht die lästigen Begleitsymptome, sondern kurbelt sie nur noch an.

Die Wissenschaftler weisen noch auf einen zweiten weit verbreiteten Irrtum hin. Viele Menschen glauben, dass man sich den grippalen Infekt durch Nässe oder Kälte holt. Doch dem ist nicht so. In Wirklichkeit stecken wir uns kaum im Freien, sondern in geschlossenen Räumen an. Die Erkältungsviren werden weniger über die Luft als über die Hände weitergetragen, zum Beispiel beim Händeschütteln oder beim Anfassen einer Türklinke und eines Lichtschalters. Es reicht schon eine Mikrobe, um die Erkältung auszulösen. Die für den grippalen Infekt verantwortlichen Rhinoviren halten sich über Wochen auf Geldscheinen, Computertastaturen und Fernbedienungen auf. Von dort gelangen sie über die Hände in die Augen oder die Nase. Dabei erweist es sich als misslich, dass fast alle Menschen die Angewohnheit haben, sich mit den Händen übers Gesicht oder die Augen zu reiben oder an die Nase zu fassen. Eine entsprechende Studie ergab, dass Probanden sich innerhalb eines Versuchszeitraums von drei Stunden 30-mal an die Nase fassten. Die Krankheitserreger werden aber weniger über den Mund als über die Augen und die Nase übertragen. Insgesamt gibt es um die 200 verschiedenen

Virenarten, die grippale Infekte verursachen. Hat der Körper gegen eines davon erfolgreich Antikörper entwickelt, ist er gegen das entsprechende Virus zukünftig immun. Das erklärt, warum Kinder weit häufiger erkältet sind als über 50-Jährige.

## Kopulierende **GRÜNALGEN**

Der Irrtum gehört zu den Wissenschaften dazu. Fehler zu begehen ist normal, problematisch wird es erst, wenn sich jemand seine Fehler nicht eingesteht. *Wer groß denkt, muss groß irren.* (Martin Heidegger) Einstein ist ein Beispiel dafür, dass selbst einem so großen Physiker Irrtümer unterlaufen. Doch er gestand sie sich in der Regel auch ein. So enthalten die *Annalen der Physik* aus dem Jahre 1911 einen Artikel, in dem Einstein zugibt, dass ihm in seiner sechs Jahre zurückliegenden Doktorarbeit einige Fehler unterlaufen sind. Einem berühmten Satz Karl Raimund Poppers zufolge ist der Unterschied zwischen einer Amöbe und Einstein, dass Einstein aus seinen Fehlern bewusst lernt. Vollständig lautet der Satz: *Der Hauptunterschied zwischen Einstein und einer Amöbe ist der, dass Einstein bewusst auf Fehlerbeseitigung aus ist.* Popper zufolge gibt es kein fehlerfreies Fundament in den Wissenschaften. Jeder Wissenschaftler kann sich jederzeit irren. Deshalb sollten Wissenschaftler wie überhaupt alle Menschen die Möglichkeit bedenken, dass nicht sie, sondern der andere

Recht haben könnte. Es gibt niemals ein absolut sicheres Wissen, sondern nur Annäherungen an die Wahrheit.

Genau diese Einsichten fehlten dem Biologen Franz Moewus, als er die These aufstellte, dass grüne Algen kopulieren können und das Hormon Crocetin für die Beweglichkeit der Algen bei der »geschlechtlichen« Paarung verantwortlich ist. Er legte Fotos vor, auf denen er unter den Grünalgen deutlich die vermeintlichen Männchen und Weibchen markierte. Dabei waren es wahrscheinlich nur chemische Stoffe in der Nähe der Algen, die das unterschiedliche Aussehen hervorriefen. Als Moewus im Jahre 1954 auf einem wissenschaftlichen Kongress in den USA die Beweglichkeit der Algen beweisen wollte, stellte sich heraus, dass er, um seine Thesen experimentell zu beweisen, mit Tricks arbeitete. Eine seiner Kolleginnen bemerkte, dass die Algenzellen mit einer Jodlösung präpariert waren. Moewus selbst sprach nicht von Betrug, sondern davon, einem wissenschaftlichen Irrtum aufgesessen zu sein. Trotzdem gilt er als Vater der deutschen Molekularbiologie. 1959 gingen seine Algenkulturen wegen des Ausfalls eines Thermostaten zugrunde, woraufhin er schon bald, an gebrochenem Herzen, wie es heißt, starb. Er scheint einem von Popper genannten Kardinalfehler aufgesessen zu sein: Anstatt sich von seiner fehlerhaften Theorie zu distanzieren, identifizierte er sich mit ihr.

# H

## Schwierige Geburt des HELIOZENTRISCHEN WELTBILDES

Im Mittelalter nahm man an, dass sich die Erde im Mittelpunkt eines endlichen Universums befindet und dass die Sonne und die Planeten um die Erde kreisen. Das war auch die vorherrschende Ansicht in der Antike, wie wir sie bei Aristoteles finden. Aristoteles unterschied in Bezug auf das Universum zwischen einer sublunaren inneren Region – sie reicht von der Erde bis zum Mond – und einer supralunaren himmlischen Region, bis zur Sphäre der Sterne, die die äußerste Grenze des Universums bildeten. Dahinter – so Aristoteles – gebe es nichts, nicht einmal Raum. Die Himmelskörper bestehen in Aristoteles' Kosmologie aus einem unvergänglichen Element, dem Äther. Im 2. Jahrhundert n. Chr. konstruierte der griechisch-ägyptische Astronom Ptolemäus mittels komplexer geometrischer Gleichungen ein detailliertes astronomisches System, das die geozentrische These, wonach die Erde der feste Mittelpunkt des Universums ist, untermauerte. Im Gegensatz zum geordneten ewigen und unvergänglichen Charakter der supralunaren Region, sei die sublunare Region durch Zerfall, Unregelmäßigkeit und Zufall gekennzeichnet. Die Stoffe der Erdregion stellte man sich als aus den vier Elementen (Erde, Feuer, Wasser, Luft) zusammengesetzt vor. Der Platz der Erde sei im Mittelpunkt des Universums.

Mit dieser Kosmologie durften sich die Christen bestätigt fühlen, da nach ihrem Glauben die Erde mit dem Menschen als Krönung der weitaus wichtigste von Gott geschaffene Himmelsköper ist. Niemand spürt die Erdbewegung, man kann sich vorstellen, welche Herausforderung es für das menschliche Selbstbewusstsein war, als sich herausstellte, dass das geozentrische Weltbild falsch und das Gegenteil der Fall ist. Galilei selbst gab zu, welche schöpferische Einbildungskraft es braucht, um das neue Weltbild zu akzeptieren. In seinem *Dialog über die beiden hauptsächlichsten Weltsysteme, das ptolemäische und das kopernikanische* heißt es als Antwort auf einen Gesprächspartner, der sich über die geringe Zahl der Kopernikaner erstaunt zeigt:

*Du wunderst dich, dass es so wenige Anhänger der pythagoreischen Auffassung (dass sich die Erde bewegt) gibt, aber ich wundere mich, dass sich ihr bis heute überhaupt jemand angeschlossen hat. Und ich kann den hervorragenden Scharfsinn derjenigen nicht genug bewundern, die sich diese Auffassung zu eigen gemacht und als wahr anerkannt haben: sie haben kraft ihres Verstandes ihren eigenen Sinnen solche Gewalt angetan, dass sie das, was ihnen die Vernunft eingab, über das Gegenteilige stellten, das ihnen die Sinnes-*

*erfahrung eindeutig zeigte. Denn die Argumente gegen die Erdumdrehung ... sind ... sehr einleuchtend; und dass die Ptolemäer und die Aristoteliker und alle ihre Schüler sie als schlüssig ansahen, spricht doch sehr für ihre Wirksamkeit. Doch die Erfahrungen, die offensichtlich der jährlichen Bewegung (der Erde um die Sonne) widersprechen, haben ja scheinbar so viel mehr Gewicht, dass ... mein Erstaunen keine Grenzen kennt, wenn ich daran denke, dass Aristarch und Kopernikus imstande waren, die Vernunft so über die Sinne zu stellen, dass sie, diesen zum Trotz, zur Beherrscherin ihrer Auffassung wurde.*

Wenn uns die Sinne derart täuschen können – schließlich kann man doch sehen, wie jeden Tag aufs Neue die Sonne aufgeht und am Horizont versinkt –, kann man es mit der Angst zu tun bekommen. Die Kirche befürchtete, dass ihr gesamtes Weltbild ins Wanken geriet. Wenn es nicht stimmt, was man über Jahrhunderte glaubte, nämlich, dass die Erde der Mittelpunkt des Alls bildet, konnten auch andere Dogmen infrage gestellt werden. Zum Beispiel der Glaube an die Existenz der Hölle. Die kopernikanische Revolution des 16. Jahrhunderts – Kopernikus veröffentlichte erstmals im Jahr 1543 Einzelheiten seiner neuen Astronomie – veränderte alles. Sie verstieß die Menschheit aus dem Mittelpunkt des Weltalls und zwang sie dazu, sich in einem relativierten Licht zu sehen. Galileo Galilei, der die These mit seinem Teleskop verifizierte, wurde von der Kirche im 17. Jahrhundert der Prozess gemacht. Bertolt Brecht hat daraus ein bis heute viel gelesenes Theaterstück gemacht.

Das erste Verfahren fand im Jahre 1616 statt. In diesem wurde die Kopernikanische Lehre für falsch befunden. Galilei erhielt eine Auflage, bestraft wurde er nicht. Im zweiten Verfahren stand die Lehre des Kopernikus nicht zur Disposition, Galilei wurde vielmehr beschuldigt, die Auflagen aus dem ersten Prozess nicht eingehalten zu haben. Im ersten Verfahren, als Kopernikus Theorie diskutiert wurde, ging es um zwei Punkte: Erstens hat Kopernikus mit seiner Behauptung Recht, dass sich die Erde bewegt und die Sonne stillsteht? Zweitens stand die Frage im Raum, welche häretischen Folgen Kopernikus' Lehre impliziert, das heißt, ob sie in Übereinstimmung mit der Bibel steht. Seit Brechts Drama interessiert vor allem der zweite Punkt der Anklage, ob das neue Weltbild nicht der Bibel widerspricht. Die Römische Kirche nahm für sich in Anspruch, dass das Recht der Deutung der Heiligen Schrift ihr alleine zusteht. Sie wies Galilei im ersten Prozess an, seine Lehre nicht unter das Volk zu bringen, weil sie befürchtete, damit das ungebildete Volk zu sehr zu verunsichern. *Die Annahme, dass die Sonne im Zentrum steht und sich nicht um die Erde dreht, ist töricht, absurd, im theologischen Sinne falsch und ketzerisch,* argumentierte die Inquisition gegenüber Galilei.

Damals lehnten die meisten Wissenschaftler Galileis und Kopernikus' Lehre ab. Der große dänische Astronom Tycho Brahé (1546 – 1601) war Geozentrist und versuchte die Argumente der Heliozentristen dadurch zu entkräften, indem er das Ptolemäische Modell verfeinerte. Der Streit unter den Wissenschaftlern wogte hin und her. Es war keinesfalls ausgemacht, wer den Konflikt für sich entscheiden konnte. Die Chancen, die Auseinandersetzung zu gewinnen, waren für beide Parteien gleich hoch. Gegen das heliozentrische Weltbild sprachen ernstzunehmende Argumente, vor allem das sogenannte Turmargument. Wenn sich die Erde mit großer Geschwindigkeit um die Sonne und ihre eigene Achse bewegt, dann müsste das an den Reaktionen von fallenden Körpern auf der Erde erkennbar sein. Wenn von einem Turm, der auf der sich bewegenden Erde errichtet worden ist, ein Stein fallen gelassen wird, dann wird er sich zum Mittelpunkt der Erde bewegen. Doch in der Zwischenzeit haben sich der Turm und die Erde weiterbewegt. Folglich müsste der Stein in einer gewissen Entfernung zum Turm aufschlagen. Doch dies konnte nicht nachgewiesen werden, der Stein trifft unmittelbar in der Nähe des Turms auf. Hieraus folgt – so die damals herrschende Meinung –, dass sich die Erde nicht dreht und die kopernikanische Theorie falsch ist. Außerdem: Wenn die Erde sich nicht nur um sich selbst dreht, sondern sogar als Ganzes um die Sonne, dann ist es nicht verständlich, warum sie den Mond nicht hinter sich lässt.

Obwohl wir heute wissen, dass die damalige Bewegungslehre falsch war, können wir nachvollziehen, dass es für die von der Kirche beauftragten Fachleute (qualificatores), heute würden wir Gutachter sagen, schwierig war, die wahren Abläufe zu durchschauen, zumal das Weltbild des Ptolemaios, wonach die Erde im Mittelpunkt steht, äußerst präzise Voraussagen über die Bewegung der Sterne ermöglichte.

In Anbetracht der Argumente, die gegen Kopernikus und Galilei sprachen, fragt man sich, wie sich ihre Weltsicht dennoch durchsetzen konnte. Warum sollte man eine derart gut bewährte Theorie wie die des Ptolemaios zugunsten der hochspekulativen Annahmen des Galilei über Bord werfen? Es brauchte lange und geduldige Überzeugungsarbeit – darauf hat vor allem der amerikanische Wissenschaftstheoretiker Thomas S. Kuhn hingewiesen –, bis sich das kopernikanische Weltbild unter den zeitgenössischen Wissenschaftlern durchsetzte. In seiner Schrift *Die Struktur wissenschaftlicher Revolutionen* (1962) vertritt er die These, dass das mittelalterliche und das moderne Weltbild *inkommensurabel* (nicht miteinander vergleichbar) sind. In der Wissenschaftsentwicklung stehen sich Kuhn zufolge verschiedene Paradigmen bzw. verschiedene Vernunftformen unversöhnlich gegenüber. Welches Paradigma sich letztendlich durchsetzt, ist durchaus auch eine Frage des Einflusses bzw. der Macht und nicht nur der Vernunft. Wissenschaftler greifen auf außerwissenschaftliche Methoden zurück – zum Beispiel schaffen sie sich gegenseitig unterstützende Netzwerke (siehe die Wissenschaftstheorie des französischen Soziologen Bruno Latour), um ihre Theorien gegenüber dem interessierten Fachpublikum durchzusetzen. Dabei gehen sie oft auch rhetorisch, spitzfindig oder sophistisch vor. Man benutzt Intrigen, Tricks, Verleumdungen, um seiner Theorie zum Durchbruch zu verhelfen.

Das heliozentrische Weltbild impliziert, dass das Universum viel größer ist als angenommen, der Mensch und die Erde sind im Gesamtplan der Schöpfung eher unbedeutend. Es wäre der damaligen Bevölkerung vielleicht wie ein Schock vorgekommen, sich vorstellen zu müssen, dass sich die gesamte Menschheit in Wirklichkeit mit einer riesigen Geschwindigkeit Tag für Tag um die Sonne dreht. Dies hätten die einfachen Leute wie einen Absturz in die Bodenlosigkeit erleben müssen, es wäre womöglich zu Aufständen und großen Unruhen gekommen, wie der Kardinal Bellarmin befürchtete. Vielleicht waren diese Sorgen übertrieben. Heute denken die meisten, dass man der Wahrheit ins Auge sehen muss und die Erkenntnisse der Wissenschaftler publiziert werden müssen (Stichwort: Freiheit der Wissenschaft), doch es setzt sich auch die Überzeugung durch, dass nicht alles, was wissenschaftlich/technisch machbar auch ethisch erlaubt ist, worüber zukünftig Ethikkommissionen wachen sollen. (Stichwort: PID oder auch der Streit über den Umbau des Stuttgarter Hauptbahnhofes.)

## Hexenhammer und **HEXENVERFOLGUNG**

Immer noch heißt es oft, dass die im Mittelalter von der Kirche eingeleitete Hexenverfolgung ein Genozid an den Frauen war. Mitunter ist die Rede von mehr als neun Millionen Opfern, eine Zahl, die viel zu hoch angesetzt ist. Denn in Wirklichkeit sind höchstens 50.000 Menschen der öffentlichen Hexenhysterie zum Opfer gefallen. Auch gab es keine anhaltende systematische Hexenverfolgung, sondern einzelne Wellen zwischen 1430 und 1730 mit Höhepunkten in den 1580er- und 1620er-Jahren, einer Epoche, die schon zur frühen Neuzeit und nicht zum eigentlichen Mittelalter zählt. Weitgehend unbekannt ist, dass mindestens ein Viertel der Opfer, die wegen Hexerei hingerichtet wurden, Männer waren. In protestantischen Gegenden wütete der Hexenwahn genauso schlimm wie in katholischen. Im erzkatholischen Spanien sind »nur« 300 Fälle aktenkundig. Manchmal war es sogar die Inquisition, die vor Ort einschritt, um ein Ausufern der Hexenprozesse zu unterbinden. Dort, wo es eine starke Zentralgewalt mit durchsetzungsfähiger Exekutive gab, fanden weniger Hexenprozesse statt. Die Gründe für die Hexenverfolgung waren nicht unbedingt religiöse oder kirchliche, sondern soziale oder politische.

Der Aberglaube besagte, dass sich die Hexen zur Walpurgisnacht auf dem Brocken treffen. *Die Hexen zu dem Brocken ziehn / Die Stoppel ist gelb, die Saat ist grün. / Dort sammelt sich der große Hauf, / Herr Urian sitzt oben auf. / So geht es über Stein und Stock / Es farzt die Hexe, es stinkt der Bock,* heißt es in Goethes Faust.

Wie erwähnt, der Hexenwahn war keine Sache des Mittelalters, sondern fand in Wirklichkeit an der Schwelle zur Neuzeit im 15. und 16. Jahrhundert statt, als in Europa Krankheiten, Kriege und Katastrophen tobten und die Menschen nach Schuldigen für ihre als Gottesstrafe interpretierte Misere suchten. Waren Hexen am Unwillen Gottes Schuld? Im Buch *Hexenhammer (Malleus maleficanum)*

(1486) des Dominikanermönches Heinrich Kramer wird geschildert, wie man Hexerei erkennt und bekämpfen kann. Der »Hexenhammer« enthält ein extrem frauenfeindliches Menschenbild. Die Frau sei biologisch minderwertig und versuche, diese Unterlegenheit durch Intrigen, List und Tücke wieder wettzumachen. *Weint ein Weib, so sinnt es gewiss auf listige Tücke.* Die Hexen verfügen über magische Kräfte, denen die Männer erliegen, insbesondere verstünden sie es, das Glied des Mannes »wegzuzaubern«. Den Hexen wird sexuelle Unersättlichkeit und intimer Kontakt zu Dämonen unterstellt. Über den *Hexenhammer* schreibt der Kulturhistoriker Egon Friedell in seinem Werk »Kulturgeschichte der Neuzeit«: *Darin wird das Hexenwesen, wenn man so sagen darf, einer wissenschaftlichen Betrachtung unterzogen.* Es werden Fragen behandelt, ob Hexen die Menschen in Tierleiber verwandeln oder wie sie Gewitter und Hagel hervorrufen können, Hühner am Eierlegen hindern usw. Folgen wir der plastischen Darstellung von Friedell:

*Von den Hexen nahm man allgemein an, dass sie zu bestimmten Zeiten, vor allem in der Nacht des ersten Mai, der Walpurgisnacht, auf Stöcken oder Böcken nach gewissen verrufenen Bergen flögen, um dem Meister der Hölle durch Ringeltänze und Küsse auf die Genitalien und den Hintern zu huldigen (während er wiederum diese Ovation durch Ablassen von Gestank quittierte) und sich sodann mit den ›Buhlteufeln‹ in üppigen Gelagen und wüster Unzucht zu vergnügen. Die ›Hexenprobe‹ bestand zumeist darin, dass die Beschuldigte gebunden aufs Wasser gelegt wurde; sank sie nicht unter, so war sie überführt. In den Verdacht der Hexerei konnte jede auffallende Eigenschaft bringen: besonders hohe Gaben so gut wie besonders boshaftes Wesen, körperliche Gebrechen so gut wie erlesene Schönheit. Allmählich gewöhnte man sich daran, zur Erpressung des Geständnisses die Tortur anzuwenden, und nun ergab sich der Circulus vitiosus, dass diese Art des Prozessverfahrens zahllose Beweise für Hexerei lieferte und die hierdurch gesteigerte Angst wiederum die Zahl der Anklagen und Prozesse vermehrte. Wenn auch bisweilen Geldgier und Rachsucht mitspielten, so kann doch keinesfalls daran gezweifelt werden, dass die meisten Richter optima fide gehandelt haben, wie ja auch ein heutiger Staatsanwalt sich als Hüter des Rechts und der Moral fühlt, wenn er seine Inkulpaten wegen Delikten verfolgt, deren Bestrafung einer späteren Zeit vollkommen unverständlich sein wird. … Selbst ein Forschergenie vom Range Johannes Keplers, dem es doch gewiss nicht an der Gabe des wissenschaftlichen Denkens fehlte, hat behauptet, die Hexerei lasse sich nicht leugnen, und es muss ihm mit dieser Erklärung sehr ernst gewesen sein, denn eine seiner Verwandten ist als Hexe verbrannt worden und seine Mutter war mehrere Male in Gefahr, dasselbe Schicksal zu erleiden.*

In dem Standardwerk über das späte Mittelalter von Johan Huizinga, *Herbst des Mittelalters*, heißt es: *Das fünfzehnte Jahrhundert war das Jahrhundert der Hexenverfolgung schlechthin. Die gleiche Zeit, die für uns das Ende des Mittelalters und den frohen Ausblick auf die Blüte des Humanismus bedeutet, besiegelte durch den Malleus malefica-*

*num ... die systematische Ausgestaltung des Hexenwahns, diesen fürchterlichen Auswuchs mittelalterlichen Denkens. Und kein Humanismus, keine Reformation widerstehen diesem Wahn.* Speziell Gebirgsgegenden wie in Savoyen, der Schweiz oder Schottland wurden als ausgesprochene Zauber- und Hexenländer verdächtigt. Hexen glaubte man u. a. an ihren Wahnvorstellungen z. B. über Luftritte und Sabbatorgien zu erkennen. Allerdings seien ihnen diese vom Teufel selbst eingeflüstert. Selbst Luther glaubte an Teufel und Hexen. Für ihn war der Papst der Antichrist und von Doktor Eck und anderen Gegnern hat er behauptet, dass sie in einem Pakt mit dem Teufel stehen. Von offener Kanzel – so Friedell – verfluchte Luther öffentlich die »Hexen, diese Teufelshuren«.

Es wurden Prozesse geführt und Beweise vorgebracht. Die Sekte der Hexen wurde von der Inquisition als Untergruppe der Ketzer bezeichnet, weil sie im Verdacht standen, die Glaubensgemeinschaft von innen heraus zu schädigen. Dem eigentlichen Verfahren gingen oft Jahre des Verdachts voraus. Dabei gab es keine eindeutigen Kriterien, welche Frau als Hexe zu bezeichnen war, vielmehr spielte in den Prozessen gegen Hexen der Lebenslauf die größte Rolle. Das heißt, erst wenn jemand als Hexe angeprangert wurde, entdeckte man Hinweise, die schon früh im Leben dieser Frau auf diese Eigenschaft hinwiesen. Interessant ist, dass die Initiative für die Anschuldigungen meist von der Bevölkerung ausgingen und nicht von der Kirche.

Bis ins 17. Jahrhundert waren Arcana und Mysteria feste Bestandteile der Medizin. Auch war man damals bestrebt, die schwarze Magie der »Hexen« für die Forschung fruchtbar zu machen, z. B. als ein Nürnberger Arzt seinen Kollegen von einer Frau erzählte, die aus Laubfröschen ein wirksames Mittel gegen die Gicht gefunden habe.

In der Frühen Neuzeit durfte niemand ohne ein Geständnis verurteilt werden. Umso grausamer waren die Methoden, ein Geständnis zu erzwingen. Stand die »Hexe« vor Gericht, kam es zu verschiedenen Formen der »Befragung«. Am Beginn stand die »gütliche Befragung«, danach ging man über zur Befragung unter Vorzeigung und Erläuterung der Folterinstrumente, auch Territion (Schreckung) genannt. Gestand die »Hexe« immer noch nicht, kam es zur sogenannten peinlichen Befragung = Folter (Daumenschrauben, Streckbank). Um die Angeklagte zu überführen, griffen viele Gerichte auf sogenannte Hexenproben zurück. Eine davon, die Wasserprobe – der englische »Hexenfindergeneral« Matthew Hopkins schwor auf sie –, bestand darin, dass man die »Hexe« an Händen und Füßen gefesselt auf das Wasser legte. Tauchte sie nicht unter, war sie als »Hexe« überführt. Diese Methode war sehr populär und wurde in vielen medizinischen Abhandlungen der damaligen Zeit als richtig verteidigt. Hexerei wurde wie Ketzerei mit Feuertod bestraft, damit sich die Seele der Sünderin »reinige«. Man band die »Hexe« mitten in einen Reisighaufen an einen Pfahl und zündete das Reisig an. Als Akt der Gnade konnte es vorkommen, dass die Angeklagte vorher enthauptet oder erdrosselt wurde.

## Schwangere HIRNTOTE

Der Stillstand des Gehirns als Kriterium für den Eintritt des Todes eines Menschen hängt unmittelbar mit dem Thema der Organspende zusammen. Denn erst, wenn der Hirntod festgestellt ist, dürfen Organe entnommen werden. Nun hat sich aber herausgestellt, dass die angeführten Gründe für den Hirntod falsch sind, sodass die biologische Hirntoddefinition nicht aufrechterhalten werden kann. Für den Hirntod als Indiz für den Tod eines Organismus sprach die Annahme, dass Hirntote keine somatische Integration mehr zeigten. Doch genau diese These hat sich als falsch erwiesen: Hirntote halten ihre Homöostase (Gleichgewichtszustand des Körpers) aufrecht. Im Körper eines Hirntoten wird immer noch die Körpertemperatur reguliert, werden Infektionen bekämpft, Exkremente produziert und ausgeschieden. Schwangere Hirntote können gesunde Babys austragen. Zu weiterer Skepsis gibt Anlass, dass Hirntote auf Schmerzreize mit der Ausschüttung von Stresshormonen reagieren. Ein britischer Anästhesist wird mit den Worten zitiert, dass er bei sich zwar die Transplantation von Organen befürwortet, aber nur, wenn er sicher sein könnte, dass er vor ihrer Entnahme betäubt würde. Die Feststellung des Hirntodes ist mit einer Reihe von Unsicherheiten behaftet. So wird bezweifelt, dass die vorliegenden Richtlinien dafür geeignet sind, einen irreversiblen Schaden des Gehirns hinreichend sicher festzustellen.

## Samentierchen **HOMUNKULUS**

Ein Wissenschaftsirrtum in der Biologie ist die Homunkulustheorie (Homunkulus lat. Menschlein) des niederländischen Mikroskopikers und Biologen Nicolas Hartsoeker, der in einem der ersten Mikroskope – kurz zuvor hatte sein Landsmann Leeuwenhoeck das Mikroskop erfunden – im menschlichen Sperma einen kleinen Menschen oder ein kleines »Samentierchen« gesehen zu haben glaubte. Er zeichnete es auf und veröffentlichte im Jahre 1694 eine Studie dazu. Vor der Entdeckung des »Homunkulus« gab es über Details der Fortpflanzung unter Menschen nur Spekulationen. Die Eizelle war noch unbekannt, die zur damaligen Zeit herrschende Präformationstheorie besagte, dass sich im Mutterleib eine *winzig kleine, aber vollkommen ausgebildete Version des zukünftigen Menschen durch stetiges Wachstum im Zuge der embryonalen und foetalen Entwicklung zu einem fertigen Menschen herausbildet. Es war daher naheliegend, diesen winzig kleinen Menschen im Kopf des Spermiums zu sehen, falls man annehmen durfte, dass die beobachteten Spermien eine wesentliche Rolle bei der Fortpflanzung spielen,* schreibt der Biochemiker Michael Breitenbach. Obwohl diese These falsch war, muss man Hartsoeker bescheinigen, dass er im Sperma mikroskopisch kleine bewegliche Zellen entdeckte, wenn es auch nicht stimmte, dass ihre Gestalt derjenigen eines Menschen ähnelt. Welche weiteren Gründe bewirkten, dass sich Hartsoeker derart irrte?

Das hing sicher erstens mit der mangelnden Auflösungsfähigkeit seines primitiven Mikroskops zusammen, aber zweitens passte es auch in ein Weltbild, dass der Mann bei der Vererbung wichtiger ist als die Frau.

Erst Gregor Mendel zeigte im 19. Jahrhundert mit seiner *Reziprozitätsregel*, dass bei der Vererbung Frau und Mann gleichermaßen beteiligt sind und beseitigte somit das alte Vorurteil, wonach der männliche Anteil größer sei. Er war zwar nicht der Erste, der dies behauptete, aber er konnte es als Erster experimentell beweisen. Im 20. Jahrhundert konnte man nachweisen, dass Mendels Gesetze nicht nur für Pflanzen (Mendel untersuchte Erbsen), sondern auch für Menschen gelten. Hartsoekers Fehleinschätzung wurde durch die Verbesserung des Mikroskops korrigiert. Die Entwicklung der Mikroskope hin zu den modernen Elektronenmikroskopen erlaubt eine immer detailliertere Beschreibung der biologischen Strukturen und Funktionsweisen der Zellen. Heute führt die konfokale Lasermikroskopie zu »Invivobeobachtungen« in Realzeit und ermöglicht somit eine entschieden verbesserte Erkenntnis biologischer Phänomene.

# J

## Spekulationen über »JUDEN-GENE«

Vor einiger Zeit löste der ehemalige Berliner Finanzsenator und Bundesbankvorsitzende Thilo Sarrazin mit seinem Buch *Deutschland schafft sich ab,* in dem er sich über drohende Überfremdung und den Abschied Deutschlands aus der Geschichte sorgt, eine öffentliche Debatte aus. In diesem Buch wird viel über den Zusammenhang von Vererbungsprozessen, Intelligenz bzw. Dummheit und Wohlstand spekuliert. Sarrazin befürchtet, dass in Deutschland zu viele Kinder aus »bildungsfernen«, insbesondere muslimischen, Familien stammen, während in Akademikerfamilien die Fertilitätsrate zu gering ist. Auf die Dauer führe dies zur Verdummung der Deutschen. Darüber hinaus ließ er sich in einem Interview dazu hinreißen, über ein sogenanntes Juden-Gen zu spekulieren. *Alle Juden teilen ein bestimmtes Gen,* sagte Sarrazin, was er später als große Dummheit bereute. Zwar stimmt es, dass in manchen Bevölkerungsgruppen manche Genvariationen häufiger auftreten, dennoch lassen sich diese Genvarianten auch in anderen Bevölkerungsgruppen finden. Es gibt kein Basken-Gen, Juden-Gen oder Bücherwurm-Gen. Alle Menschen teilen 99,9 Prozent aller Gene und sie teilen 98,8 Prozent mit ihren nahen Tierverwandten.

Den Hintergrund für Sarrazins Äußerungen bildeten vermutlich Artikel in amerikanischen Fachzeitschriften. Es wird behauptet, dass die »genetische Ähnlichkeit von Juden belegt« sei. Richtig ist, dass die Populationsgenetik in bestimmten ethnischen Gruppen auf häufig vorkommende Genvarianten trifft. So zum Beispiel bei den Isländern oder in Subpopulationen in Finnland, Estland, auf Sardinien oder auf Pingelap im Westpazifik. Man fand heraus, dass bei aschkenasischen Juden in Amerika, die gemeinsame Wurzeln in der Levante haben, gehäuft bestimmte Erbkrankheiten wie Morbus Gaucher oder Tay-Sachs auftreten. Doch bei solchen Untersuchungen sollte man immer bedenken, dass dieselben Genvarianten keineswegs ausschließlich für eine bestimmte Bevölkerungsgruppe gelten, sondern nur gehäuft auftreten, also auch in anderen ethnischen Gruppen nachweisbar sind. Genvarianten sind keineswegs exklusiv. Für ein bestimmtes »Juden-Gen« trifft dasselbe zu wie für ein »Intelligenz-Gen«: Es gibt sie nicht. Folgen wir hierzu den Ausführungen des Verbandes Biologie, Biologiewissenschaften und Biomedizin. Demnach hat nach dem derzeitigen Stand des Wissens jede Volksgruppe *grundsätzlich das gleiche genetische Potenzial für Intelligenzleistungen.* Intelligenztests sind kulturell beeinflusst. *Jede Volksgruppe, die einen Intelligenztest auf der Basis ihrer eigenen Kultur entwickeln würde, würde feststellen, dass die anderen Kulturen durch-*

*schnittlich schlechtere Leistungen zeigen als die Mitglieder des eigenen Kulturkreises. Evolutionsbiologisch ist der Mensch eine der genetisch homogensten Arten auf der Erde.*

Fast alle physischen oder psychischen Charakteristika eines Menschen bilden sich aus einem komplexen Zusammenspiel zwischen Anlagen und Umwelt heraus, die man experimentell kaum voneinander trennen kann. Ein spezifisches Juden-Gen gibt es genauso wenig wie ein Türken- oder Deutschen-Gen. Zwar hängen Vererbung und Intelligenz irgendwie zusammen, doch in rund zweihundert einschlägigen Studien ist es bislang nicht gelungen, ein sogenanntes Intelligenz-Gen zu finden. Es erscheint extrem unwahrscheinlich, dass einzelne Gene für die Unterschiede in der menschlichen Intelligenz ursächlich sind. Niemand bestreitet, dass es individuelle Unterschiede in der Begabung gibt.

Doch was heißt Intelligenz? Bemerkungen über kollektive Unterschiede in der Intelligenz sollte man eher lassen. Man kann höchstens sagen: *Intelligenz ist das, was man mit Intelligenztests messen kann.* Einige Intelligenztests ermitteln die Schnelligkeit, in der eine Aufgabe gelöst wird, andere prüfen das Sprachverständnis, das Allgemeinwissen oder das räumliche Vorstellungsvermögen.

Es gibt auch eine soziale und emotionale Intelligenz. Das scheint man im Mittelalter besser gewusst zu haben als heute. So verfügt Wolfram von Eschenbachs Held Parzival in dem gleichnamigen Roman zwar über ein stattliches Aussehen, gute kognitive und physische Fähigkeiten und ritterliche Tugenden, doch noch nicht über genügend emotionale Fähigkeiten, um sein Ziel zu erreichen und Gralskönig zu werden. Als er nämlich den schwer leidenden Gralskönig Anfortas besucht, fragt der mittelalterliche Held nicht, wie es ihm geht. Zwar liegt Parzival die Frage, woran der König leidet, auf der Zunge, doch er will auch nicht – so hat man es ihn gelehrt – als neugierig gelten. Nach einem festlichen Abendessen wird der Gral feierlich hinausgetragen. Am nächsten Morgen ist die Burg leer. Parzival hat es aus falsch verstandener Etikette versäumt, sich teilnahmsvoll an Anfortas zu wenden. Nur so hätte der Gralskönig den ersehnten Tod gefunden, und Parzival wäre sein Nachfolger geworden. Erst Jahre später ist er emotional so weit gereift, dass er die Mitleidsfrage stellen kann. Man sieht hier, wie weit das Feld des Themas Intelligenz sein kann.

# K

## KAFFEE entzieht dem Körper Wasser

In seiner autobiografischen Schrift *Ecce homo* schreibt Friedrich Nietzsche: ... *keinen Café: Café verdüstert. Tee nur morgens zuträglich.* Im Gegenteil dazu ist für viele Kaffee *das* Lebenselixier überhaupt, um munter in den Tag zu kommen. Der Legende nach wurde der Kaffee von muslimischen Mönchen entdeckt, als sie am Roten Meer ihre Ziegen weideten und bemerkten, dass die Herde eines Abends ungewöhnlich lebhaft war und nachts nicht schlafen konnte. Die Mönche fanden heraus, dass die Tiere von einer Pflanze mit kirschähnlichen Früchten in grün, gelb und rot gefressen hatten. Sie gruben einen solchen Kaffeestrauch aus und brachten ihn zu ihrem Imam. Als er sich aus dieser Pflanze einen Sud zubereitete, stellte er fest, dass er nachts ebenfalls nicht müde wurde und besser seine Gebete halten konnte. Die anregende Wirkung kommt durch die im Kaffee enthaltene Substanz Trimethylxantin, auch Koffein genannt.

Nach Europa kam der Kaffee in größeren Mengen Anfang des 17. Jahrhunderts, als er säckeweise in Venedig eintraf. 1645 wurde am Markusplatz in Venedig das erste Kaffeehaus eingerichtet. Friedrich der Große stellte im Jahre 1768 das Kaffeetrinken unter Strafe, weil er die aufrührerische Wirkung des Getränks fürchtete. Heute ist Kaffee nach Erdöl das zweitwichtigste Handelsgut.

Noch bis in die 90er-Jahre des letzten Jahrhunderts dachte man, dass Kaffee dem Körper Wasser entzieht und den Blutdruck erhöht. Beides konnte in entsprechenden Studien widerlegt werden. In den USA wurden zwischen 1980 und 1990 insgesamt 87.000 Krankenschwestern über ihren täglichen Kaffeekonsum befragt. Dabei stellte sich heraus, dass keine signifikant messbare Relation zwischen dem Kaffeekonsum und Herzkreislauferkrankungen festzustellen waren. Während des Untersuchungszeitraums traten 750 Herzinfarkte auf, die sich gleichmäßig auf die Kaffeetrinker und Nicht-Kaffeetrinker verteilten. Gleiches lässt sich über die immer noch weitverbreitete Annahme sagen, dass Kaffee dem Körper Wasser entzieht. Studien belegen, dass Kaffeetrinker nicht mehr oder weniger Flüssigkeit ausscheiden als andere. Dennoch sei vor übermäßigem Kaffeegenuss gewarnt. Zwar ist es unumstritten, dass Kaffee die Vigilanz (Wachsamkeit) steigert, doch Menschen mit einem schon bestehenden Herzinfarktrisiko sollten besser keinen Kaffee trinken. Außerdem scheint starker Kaffeekonsum in der Schwangerschaft das Risiko einer Fehlgeburt zu erhöhen.

## Die Diskussion um den KLIMAWANDEL

Wenn es im Sommer besonders heiß ist, sprechen wir von dem anthropogenen, also von Menschen verursachten, Klimawandel. Wenn ein heftiger Sturm tobt, ist auch das der Klimawandel; ebenso eine Hitzewelle in Russland, übermäßiger Schneefall in Lateinamerika, eine Flutkatastrophe in Pakistan. Doch stimmt die These von dem durch Menschen verursachten Klimawandel überhaupt?

Die renommierte *Royal Society* in London ließ vor Kurzem verlautbaren, dass sie ihre Erklärungen und Prognosen zum Klimawandel einer Überprüfung unterziehen werde. Unmittelbarer Anlass dieser aufsehenerregenden Erklärung war die Kritik von mehr als vierzig Naturwissenschaftlern der Akademie der Naturwissenschaften, die der *Royal Society* vorwarfen, den derzeitigen Wissensstand zum Klimawandel zu sehr zu vereinfachen. Der Präsident der *Royal Society,* Martin Rees, erklärte, dass die öffentliche Diskussion derzeit durch Übertreibungen in die Irre führe. Es sei an der Zeit, sich noch einmal genau darüber Rechenschaft abzuliefern, *was über das Klimasystem bekannt ist, was wir darüber zu glauben wissen und, genauso wichtig, jene Aspekte anzuschauen, die wir immer noch nicht sehr gut verstehen.*

2007 legte im spanischen Valencia der Weltklimarat IPCC einen Bericht vor, in dem behauptet wird, dass die Erderwärmung vom Menschen verursacht ist und schneller voranschreitet, als bisher angenommen. An der Studie waren mehr als 2.500 Wissenschaftler aus 130 Ländern beteiligt. Wenn die Erde sich um mehr als zwei Grad erwärmt, habe das dramatische Folgen: Hitzeperioden, Dürren, Überschwemmungen, Waldbrände sind die Folge; zwanzig bis dreißig Prozent der Arten wären vom Aussterben bedroht. Um dies zu verhindern, müsse der Ausstoß von $CO_2$ verringert werden. Die Gegner dieser Prognosen weisen darauf hin, dass die Rede von der Klimakatastrophe keine seriöse Wissenschaft, sondern Propaganda sei. Der Zusammenhang zwischen der globalen Erderwärmung und den $CO_2$-Emissionen sei nicht bewiesen. Es sei nicht ausgemacht, dass die Temperaturen steigen, wenn der $CO_2$-Gehalt in der Luft wächst. Es sei vielmehr umgekehrt so, dass die Erwärmung der Erde zu mehr Ausstoß an $CO_2$ führt, allerdings nicht verursacht durch Menschen, sondern weil die Meere mehr davon abgeben. Im Verlauf der Erdgeschichte habe es Phasen gegeben, in dem der $CO_2$-Gehalt in der Luft dreimal so hoch war wie heute. Das Klima war immer im Wandel, auch ohne das Zutun des Menschen.

In der Filmdokumentation *Die Klimalüge* werden Argumente gegen die Prognosen der Klimaforscher aufgelistet. Es wird behauptet, dass, um an Forschungsgelder heranzukommen, Klimaforscher ein Problem brauchen. Sie verbreiteten Panik, um sich wichtig und unentbehrlich zu machen. Mittlerweile hängen Zehntausende Arbeitsplätze an dem Thema »Globale Erwärmung«. Wenn die Theorie der Erderwärmung zusammenbrechen sollte, würden viele Menschen arbeitslos. Deshalb setzt dieser Personenkreis alles daran, jede Skepsis am Klimawandel an den Pranger zu stellen. Er betont die Gefahren, die vom $CO_2$ ausgehen, verschweigt aber den Nutzen. Ohne Strom würden in den Entwicklungsländern zahlreiche Probleme entstehen. Wenn z. B. in den Hütten mit einem Holzfeuer geheizt wird, stürben zwei Millionen Kinder an den Folgen von Rauchvergiftungen. Die Lebenserwartung von Menschen, die ohne Strom leben müssen, ist erschreckend niedrig. Umweltorganisationen fordern, dass Afrika nicht seine Vorräte an Öl und Kohle für die Herstellung des Stroms nutzt, sondern umweltverträgliche Energien wie die Sonnenenergie nutzt. Doch Wind- und Solarkraft sind teuer und nicht immer zuverlässig. Die reichen Länder können sich Experimente mit den neuen Energien leisten, aber in Afrika geht es oftmals ums Überleben. Ist es vor diesem Hintergrund nicht eher moralisch verwerflich, den Afrikanern Solarstrom zu empfehlen? Wenn wir der ›Dritten Welt‹ nur Wind und Solarenergie erlauben, dann bedeutet das m. E., dass wir ihnen keinen Strom zugestehen. »Wenn uns westliche Umweltschützer empfehlen, Sonnen- und Windenergie zu nutzen, stehen wir vor dem Problem, wie wir Afrika industrialisieren sollen«, sagt der afrikanische Ökonom und Autor James Shikwati. »Ich sehe nicht, wie man mit einer Solaranlage ein Stahlwerk betreiben soll oder zum Beispiel ein Eisenbahnnetz. Wir sollen nicht unsere Ressourcen nutzen, nicht unser Öl, nicht unsere Kohle. Aber das wäre Selbstmord.«

Dennoch ist die Vielzahl der Belege für den Klimawandel eindrucksvoll. Es wird wohl bei jeder wissenschaftlichen Theorie Skepsis, Zweifel und Gegenargumente geben.

Deswegen muss eine Theorie noch lange nicht falsch sein. Es ist auch nicht anzunehmen, dass die Kritiker keine eigenen wirtschaftlichen Interessen hätten. Meist werden sie von den Lobbyisten aus der Wirtschaft gut bezahlt, wie man seinerzeit am Beispiel der Debatte um die Gefahren des Rauchens sehen konnte. Damals wurde von der Tabakindustrie ein Netz von Institutionen und Zeitschriften geschaffen mit dem einzigen Ziel, die Gefahren des Rauchens zu relativieren, wobei auch Wissenschaftler persönlich angegriffen wurden. Realistisch betrachtet besteht ein wissenschaftlicher Sachverhalt, wenn unter Experten ein breiter und ständig bestätigter Konsens herrscht, und dies ist bei der Frage des Klimawandels zweifelsohne der Fall. Der Konsens der Experten ist zwar nicht unfehlbar, doch andererseits bürden sich die Leugner der Gefahren des Rauchens oder des Klimawandels ebenso eine große Verantwortung auf. Nichts zu tun kann moralisch noch verwerflicher sein, als – in diesem Fall gegen die Klimakatastrophe – zu handeln.

## Wissenschaftsbetrug **KLONEN VON STAMMZELLEN**

Vom Wissenschaftsirrtum ist der Wissenschaftsbetrug zu unterscheiden, wie er sich im Jahre 2005 in Korea ereignete. Dort behauptete der Genforscher Hwang Woo Suk, dass es ihm gelungen sei, Stammzellen zu klonen.

Eine anonyme E-Mail an den südkoreanischen Sender MBC (Munhwa Broadcasting Corp.) wies jedoch auf Manipulationen in Hwangs Forschungen hin. Bald wurde vermutet, dass Hwang nicht nur im Bereich der Stammzellenforschung, sondern auch in früheren Fällen gefälschte Ergebnisse publizierte. Daraufhin gestand der in die Enge getriebene Wissenschaftler in einer Pressekonferenz, dass seine bahnbrechende Veröffentlichung in dem wohl bekanntesten Wissenschaftsmagazin *Science* fehlerhaft sei. Solche Betrügereien haben in den letzten Jahrzehnten zugenommen. Sie sollten eine Warnung dafür sein, den Wissenschaftlern und Experten zu viel Macht und Einfluss einzuräumen. Auch unter Wissenschaftlern gibt es Scharlatane, die alles dafür tun würden, um bekannt und berühmt zu werden. Manchmal sind es ganze Forscherteams, die ihre Ergebnisse manipulieren. Die Gelder für diese Forschungseinrichtungen sind oft knapp, die Konkurrenz ist groß, sodass der Druck bezüglich neuer Forschungsergebnisse enorm ist.

## Großer wilder Mann mit **KOKAIN** im Leib

Der Begründer der Psychoanalyse, Sigmund Freud, experimentierte zu Beginn des 20. Jahrhunderts mit Kokain, dessen Wirkung damals noch wenig erforscht war. Er besorgte es sich von der Arzneimittelfirma Merck in Darmstadt und nahm eine Dosis von 200 Milligramm ein. Die Selbstversuche versetzten ihn in einen angenehmen euphorischen Zustand, in »eine fröhliche Laune«, wie er seiner Geliebten schrieb, der er gleich eine Dosis mitschickte. Außerdem empfahl er die Droge auch seinen Bekannten und Familienmitgliedern als Allheilmittel gegen Krankheiten. Seiner Verlobten schrieb Freud in einem Brief: *Wehe, Prinzesschen, wenn ich komme. Ich küsse Dich ganz rot und füttere Dich ganz dick, und wenn Du unartig bist, wirst Du sehen, wer stärker ist, ein kleines sanftes Mädchen, das nicht isst, oder ein großer wilder Mann, der Cocain im Leib hat. In meiner letzten großen Verstimmung habe ich wieder Coca genommen und mich mit einer Kleinigkeit wunderbar auf die Höhe gehoben. Ich bin eben beschäftigt, für das Loblied dieses Zaubermittel Literatur zu sammeln.* Freud wollte sich als junger Wissenschaftler in der Medizin unbedingt einen Namen machen. *Wenn es gut geht, dann will ich meinen Aufsatz darüber schreiben und vermute dann, dass das Mittel sich einen Platz in der Therapie erobert, neben und über dem Morphin,* schreibt er seiner Freundin Martha Bernays, die er 1882 kennengelernt hatte. Das Kokain, dessen Reingewinnung aus der Cocapflanze zum ersten Mal im Jahr 1859 gelungen war, sollte ihm dabei helfen. Man wusste nicht viel über diese Pflanze, nur das, was nach der Eroberung Südamerikas durch die Spanier bekannt wurde. Die Konquistadoren berichteten, dass die Indianer Cocablätter kauen und, als sie es auch selbst versuchten, eine anregende Wirkung verspürten. In Bolivien und Peru galt Kokain als »göttliche Pflanze«.

Freud veröffentlichte im Alter von 28 Jahren seinen Aufsatz über das Kokain. Durch ihn wurde er schlagartig international bekannt. Er erschien im *Centralblatt für die gesamte Therapie* und im *St. Louis Medical and Surgical Journal.* Freud schreibt, dass der Stoff gegen Hysterie, Hypochondrie, Syphilis, Verdauungsstörungen usw. hilft. Es werden Berichte zitiert, wonach die Indianer unter dem Einfluss der Droge *ungewöhnliche Strapazen ertragen und schwere Arbeit leisten, ohne während derselben einer eigentlichen Nahrung zu bedürfen.*

Warnende Berichte, wonach Kokain in eine körperliche und geistige Deprivation führe, relativierte Freud mit der Vermutung, dass dies nur die Folgen eines *übermäßigen* Konsums seien. Somit war auch Freud Schuld an der ersten Kokainwelle in Europa. Allerdings stand er mit seiner Meinung nicht alleine da. Andere Ärzte empfahlen den Einsatz von Kokain bei der Marine und beim Heer. Wie Freud experimentierte der Dichter Gottfried Benn mit Kokain, dem er sogar Gedichte widmete. In dem Gedicht »Kokain« aus dem Jahre 1917 heißt es: *Den Ich-zerfall, den süßen, tiefersehnten, / Den gibst Du mir: schon ist die Kehle rau. /...* Noch berühmter ist eine Zeile aus dem Gedicht »O, Nacht«: *O, Nacht! Ich nahm schon Kokain, / Und Blutverteilung ist im Gange. / Das Haar wird grau, die Jahre flieh'n. / Ich muss im Überschwange / Noch einmal vorm Vergängnis blühn.* Georg Trakl, Emile Zola, Sarah Bernhard, Papst Pius X., Jules Verne, J. R. Becher, Ernst Jünger, sie alle nahmen für eine Weile Kokain. In Deutschland machte vor einigen Jahren der Fußballtrainer Christoph Daum in Bezug auf Kokain negative Schlagzeilen.

Inzwischen ist bekannt, dass Kokain nur in sehr wenigen Fällen medizinisch sinnvoll ist – z. B. zur örtlichen Betäubung bei Eingriffen am Auge oder am Kehlkopf. Schnell führt es zu Abhängigkeit und droht, zu einer Massendroge zu werden, deren Wirkung immer noch unterschätzt wird. Hinter Cannabis steht Kokain in Europa auf dem zweiten Platz der meistkonsumierten illegalen Drogen.

Viele Abhängige glauben, ihren Konsum unter Kontrolle zu haben, doch es entwickelt sich gerade beim Kokain schnell eine psychische Abhängigkeit. Kokain hat ein viel größeres Suchtpotenzial als Alkohol. Der Kick am Wochenende wird in der Woche mit Depressionen und Angststörungen bezahlt. Um diese zu mildern, greifen Kokainkonsumenten oft zu Alkohol oder Medikamenten. Eine Untersuchung ergab, wie weit verbreitet Kokain in Deutschland ist. Kokain löst sich nicht in Wasser auf, sodass man gereinigtes Abwasser, bevor es wieder in die Flüsse fließt, auf den Gehalt von Kokain untersuchen kann. Die Zahlen für Deutschland sind alarmierend. Allein die 38,5 Millionen Einwohner der Rheinregion nehmen elf Tonnen reines Kokain im Jahr zu sich.

Bleibt noch zu berichten, was Coca-Cola mit dem Kokain zu tun hat. 1886 erfand der amerikanische Apotheker J. S. Pemberton ein Cocagetränk, das er als Kopfschmerzmittel verkaufte. Später kaufte ihm der Apotheker A. G. Candler die Rechte dafür ab und gründete die Coca-Cola-Company. Bis 1906 enthielt Coca-Cola in winzigen Mengen Kokain. Als das amerikanische Lebensmittelgesetz jeden Kokainkonsum außerhalb der Medizin verbot, wurde das Kokain durch Koffein ersetzt.

## KOLUMBUS' Irrtum

Bei Christoph Kolumbus handelt es sich wohl um einen der größten Abenteurer und Entdecker, den die Menschheit kennt. Aufgrund seines seefahrerischen Könnens und seines Wagemuts gelang ihm die Entdeckung Amerikas. In einem seiner schönsten Gedichte hat Georg Heym dem Genueser ein unsterbliches Denkmal gesetzt. Geschildert wird der 12. Oktober 1492, Kolumbus nähert sich in der Nacht mit seinem Schiff dem Festland: ... *Am Bugspriet vorne träumt der Genueser / In Nacht hinaus, wo ihm zu Füßen blähn / Im grünen Wasser Blumen, dünn wie Gläser, / Und tief im Grund die weißen Orchideen. // Im Nachtgewölke spiegeln große Städte, / Fern, weit, in goldnen Himmeln wolkenlos, / Und wie ein Traum versunkner Abendröte / Die goldnen Tempeldächer Mexikos.* Bekanntlich stach Kolumbus ins Meer, um den Seeweg nach Indien zu entdecken. Folglich dachte er, in Indien angekommen zu sein und nicht einen neuen Kontinent entdeckt zu haben. Der Irrtum hing auch damit zusammen, dass damals der Erdball als kleiner eingeschätzt wurde, als er ist. Die Kugelgestalt (in Wirklichkeit ähnelt die Gestalt der Erde allerdings nicht einem runden Ball, sondern eher einem Apfel oder einem Kürbis; der Grund für die Verformung ist die Erdrotation) war schon den Griechen und Römern bekannt, doch die einfachen Menschen glaubten damals immer noch an die Erde als Scheibe.

Am 3. August 1492 war Kolumbus mit drei Schiffen und Proviant für ein Jahr in See gestochen. Er war davon überzeugt, Indien über eine Westroute schneller erreichen zu können als über die bisher bekannte Ostroute. Sein Fehler lag, wie erwähnt, darin, dass er ausgehend von den Berechnungen des antiken Astronomen Ptolemäus den Erdumfang auf 28.000 Kilometer schätzte, tatsächlich beträgt er 40.024 km. Nach einem durch einen Defekt des Steuerruders erzwungenen Zwischenstopp von einem Monat auf den Kanarischen Inseln ging es auf der »Pinta« weiter gen Westen. Es war eine Reise ins Ungewisse. Nicht alle schienen den Strapazen gewachsen. In seinem Bordtagebuch berichtet Kolumbus von meuternden Matrosen und skeptischen Offizieren. Die Mannschaft wollte schon die Rückkehr erzwingen, als ein Vogel über dem Schiff erschien. Kolumbus gelang es, die Mannschaft zur Weiterfahrt zu überreden. In den nächsten Tagen verdichteten sich die Anzeichen – Äste von Bäumen, Pflanzen, Vögel – für Land. Ein Vogel hält sich nie weiter als 100 Meilen vom Festland auf. Allerdings dauerte es noch einen Monat, bis es am 12. Oktober hieß: Land in Sicht! Es war eine der Insel in den Bahamas, der Kolumbus den Namen *San Salvador* gab. Die Inselgruppe nannte er *Westindische Inseln* und ihre Bewohner Indianer; Bezeichnungen, die sich bis heute gehalten haben. Insgesamt fuhr Kolumbus dreimal nach Amerika, ohne zu ahnen, dass er einen neuen Kontinent entdeckt hatte.

Wie wir heute mit ziemlicher Sicherheit wissen, war Kolumbus nicht der erste Europäer, der den Atlantik in Richtung Amerika überquerte. Schon 1000 vor Christus gelang dies den Wikingern, die allerdings in Amerika keine Siedlungen gründeten. Im Gedicht von Heym heißt es über Kolumbus, dass er von *goldnen Tempeldächern Mexikos träumt.* Und in der Tat wurden in der Folge (nicht von Kolumbus selbst) die »Indianer« von den Konquistadoren rücksichtslos ausgebeutet. Die spanische Kolonialpolitik nannte sich christlich, verfolgte aber in Wirklichkeit handfeste Machtinteressen. Es war der Mönch Las Casas, der sich für die entrechteten Indios einsetzte und eine Schrift über die Verbrechen und Massaker der Konquistadoren verfasste. Für den Philosophen Peter Sloterdijk ist Kolumbus einer der ersten Globalisierer. Erst mit ihm und seinen Seefahrern ist der Globus ins Bewusstsein der Menschen aufgenommen worden.

## Puzzle **KONTINENTALVERSCHIEBUNG**

Im Jahre 1912 trug der deutsche Meteorologe und Grazer Professor für Geophysik Alfred Wegener (1880 – 1930) auf der Jahresversammlung der Geologischen Vereinigung in Frankfurt seine Gedanken über die kontinuierliche Verschiebung der Kontinente vor, worauf ihm weitgehendes Unverständnis entgegenschlug. Noch während seiner Ausführungen kam es zu aufgeregtem Tuscheln. Sollten seine Thesen wahr sein, wäre ein Großteil dessen, was die Geologen zuvor geglaubt hatten, falsch gewesen. Nach dem Vortrag schimpften die Geologen, schließlich konnte es nicht sein, dass ein Meteorologe ihnen – auch noch mit richtigen Thesen – ins Handwerk pfuschte. Worin bestand der Dissens? Die Zunft der Geologen glaubte, dass sich die Lage der Kontinente und Ozeane im Laufe der Erdgeschichte nicht verändert hat. Demgegenüber ging Wegener davon aus, die heutige Lage der Kontinente und Ozeane sei die Folge von horizontalen Bewegungen von Teilen eines vor Jahrmillionen zerbrochenen Urkontinents, genannt Pangäa. Die Geologen bezeichneten Wegeners Hypothesen als Fantasiegebilde und Hindernis für die Forschung.

Noch im Jahre 1955 schrieb der englische Astrophysiker Fred Hoyle in seinem Buch »Grenzen der Astronomie«: *Wie es ein Kontinent, der aus gut 35 Kilometer starkem Felsgestein besteht, anstellen soll, sich fortzubewegen, ist nie wirklich geklärt worden; und ehe nicht irgendein plausibler Mechanismus dafür angegeben werden kann, brauchen wir die Verschiebung von Kontinenten nicht ernst zu nehmen.* Dabei konnte sich Wegener auf die Umrisse der Kontinente, die sich stellenweise wie Puzzle-Teile zusammenfügen lassen, stützen. Er brachte Beleg für Beleg vor, dass seine These vom Urkontinent stimmt. Außerdem entdeckte er, dass es bei den Kontinenten verschiedene Krusten gibt, die durch eine Grenzfläche voneinander getrennt sind. Er glaubte, dass sich die Kontinente auf der unteren Kruste horizontal bewegen, doch dafür gelang ihm der genaue Nachweis nicht. Dies leistete erst die Theorie der Plattentektonik, die wiederum erst durch die großflächige Vermessung der Ozeanböden in den 1960er-Jahren möglich war. Demnach ist die Gesteinshülle der Erde (Lithosphäre) aus einem Mosaik von

Platten zusammengesetzt, die sich passiv auf einer plastischen Zone im Oberen Erdmantel (Asthenosphäre) bewegen.

# L

## Unscharfer LAPLACE'SCHER DÄMON

Pierre-Simon de Laplace (1749 –1827) war ein bedeutender französischer Physiker, der nachwies, dass die Bewegungen der Planeten unseres Sonnensystems konstant sind bzw. nach festen Gesetzen ablaufen. Seine Behauptung, dass die Planeten durch rotierende Gasnebel entstanden, erwies sich aus heutiger Sicht als richtig. Berühmt ist die Anekdote mit Napoleon. Als der Physiker die Himmelsmechanik erklären wollte, fragte ihn Napoleon, wo in seinem Weltbild Gott vorkomme. Laplace antwortete: *Diese Hypothese, Sire, benötige ich nicht.* Beeindruckt von der Richtigkeit der naturwissenschaftlichen Gesetze ließ sich Laplace jedoch zu der folgenden These hinreißen: Wenn eines Tages alle Zustände eines komplizierten Systems bekannt wären, könne man die Zukunft des Systems beliebig vorhersagen. *Wir müssen also den gegenwärtigen Zustand des Weltalls als die Wirkung seines früheren und als die Ursache des folgenden Zustands betrachten. Eine Intelligenz* (der berühmte Laplace'sche Dämon), *welche für einen gegebenen Augenblick alle in der Natur wirkenden*

*Kräfte sowie die gegenseitige Lage der sie zusammensetzenden Elemente kannte, und überdies umfassend genug wäre, um diese gegebenen Größen der Analysis zu unterwerfen, würde in derselben Formel die Bewegungen der größten Weltkörper wie des leichtesten Atoms umschließen; nichts würde ihr ungewiss sein und Zukunft wie Vergangenheit würden ihr offen vor Augen liegen.*

Mit anderen Worten: Laplace war von der vollständigen Determiniertheit des Naturgeschehens überzeugt. Er glaubte, dass sich dereinst eine mathematische Weltformel finden ließe, die, ergänzt durch ein riesiges System von Differenzialgleichungen, es erlaubt, den Ort, die Bewegungsrichtung und die Geschwindigkeit eines jeden Atoms zu bestimmen. Doch in diesem Punkt irrte er. Die moderne Wissenschaft hat sich von der Vorstellung der Vorhersehbarkeit aller Naturvorgänge distanziert. So vertritt der Physiker und Philosoph Carl Friedrich von Weizsäcker im Hinblick auf das Determinismusproblem die folgende Position: *Ein Blick auf die heutige Gestalt des Kosmos … zwingt fast zu dem Gedanken, dass es auch anders sein könnte … ohne dass es eine Welt mit anderen Naturgesetzen sein müsste.* Nach der Quantenphysik von Werner Heisenberg lassen sich im Hinblick auf die Bewegungen der kleinsten Teilchen keine genauen Aussagen treffen. Es sind nur Wahrscheinlichkeiten möglich. Laplace ging von der Absolutheit des Kausalgesetzes aus. Die Quantenmechanik zeigt aber auf, dass ein solcher Kausalzusammenhang für das Elementarteilchen experimentell nicht nachgewiesen werden kann.

Der Grund dafür liegt nicht etwa in den noch ungenügend feinen Messapparaturen, sondern ist prinzipieller Art. Das Elektron entzieht sich einer genauen Bestimmung und taucht je nach Experiment einmal als Teilchen und dann als Welle auf. Einerseits scheint Licht ein Teilchenschwarm zu sein. Doch diese Annahme widerspricht den mit der Interferenz verbundenen Erscheinungen. Die Experimente in Bezug auf das Licht zerfallen in zwei Gruppen: Einmal werden die Bewegungen mit dem Wellenbild und zum anderen mit dem Teilchenbild erklärt. Die meisten der gegenwärtigen Physiker glauben nicht, dass man in Zukunft die beiden konträren Bilder in einer Synthese zusammenführen kann. *Die Anwendung des Teilchenbildes oder des Wellenbildes hängt davon ab, welche Experimente gemacht werden ... In dieser neuen Welt ist der Determinismus nicht mehr voll gültig ...* (Paul Feyerabend) Die »Heisenberg'sche Unschärferelation« besagt, dass es im Mikrokosmos unmöglich ist, Ort und Impuls von Elementarteilchen zugleich zu bestimmen. Für Laplace hieß es: Natura non facit saltus, die Natur macht keine Sprünge. Heisenberg fand jedoch heraus, dass das kleinste Teilchen im Universum, das Elektron, die Physiker in zwei Hinsichten bis zu einem gewissen Grad narrt. Einmal kann es – je nachdem, wie man es beobachtet – ein Teilchen oder eine Welle sein, zum anderen scheinen in der Mikrowelt Ursache und Wirkung nicht unmittelbar miteinander verknüpft. Je genauer man den Ort eines Teilchens misst, desto ungenauer wird die Messung seines Impulses und umgekehrt, sodass im Extremfall die Festlegung der einen Größe die andere völlig unbestimmt lässt.

# Mehr LICHT

*Mehr Licht,* waren Johann Wolfgang von Goethes letzte Worte auf dem Sterbebett. Im europäischen Denken steht die Lichtmetapher für Wissen, Erkenntnis – wie ja auch schon das Wort Auf*klärung* sagt –, die im Französischen *le siècle des lumières – das Zeitalter des Lichtes* heißt. Wir sind in Europa stolz darauf, das »dunkle Mittelalter« überwunden zu haben. Im fernöstlichen Raum schätzt man demgegenüber auch matte Helligkeitsverhältnisse. In der westlichen Malerei kennen wir Gemälde, auf denen ein stark einfallendes, jähes Licht eintritt. Der Lichteinfall auf dem Bild *Junge Frau mit einem Wasserkrug am Fenster* von Jan Vermeer van Delft aus dem Jahre 1662 ist grell. Als in Platons berühmten Höhlengleichnis ein Gefangener aus der Höhle mit Gewalt ans Tageslicht gezerrt wird, ist er wie geblendet und vermag erst nach einiger Zeit der Gewöhnung die Wirklichkeit seiner Situation zu erkennen. *Und wenn er ans Sonnenlicht käme, da könnte er wohl – die Augen voll des Glanzes – nicht ein einziges der Dinge erkennen, die man ihm nunmehr als wahr hinstellte.* In Dantes *Göttlicher Komödie* erscheint der Himmel als ein hell leuchtendes Paradies: *Im Himmel, der das meiste Licht empfangen / War ich, und sah die Dinge ...*

Im fernöstlichen Raum wird demgegenüber als »schön« empfunden – darauf weist der Philosoph Byung-Chul Han in seinem Buch *Abwesenheit* hin –, was eher das Matte, Wolkige, das Umwölkte, das Halbdurchsichtige, das Schattige ist. Der buddhistische Begriff *Satori – Erleuchtung* hat nichts mit hellem Licht zu tun, sondern mit einem Zustand der Zurücknahme und der Abwesenheit. Im Gegensatz dazu steht im Westen das Licht, auch das künstliche Licht z. B. der Neonreklamen, im Vordergrund. Lange Zeit war es dunkel in Bezug auf die physikalische Erklärung des Lichts (vgl. auch das Kapitel zum Äther). Heute lernen die Studenten in den Physiklehrbüchern, dass das Licht aus *Photonen, d. h. aus quantenmechanischen Entitäten, die einige Eigenschaften von Wellen und einige von Partikeln zeigen, ...* besteht. (Thomas S. Kuhn) Seit der Antike bis zum Ausgang des 17. Jahrhunderts gab es keine allgemein anerkannte Theorie über das Licht. Die einen nahmen an, dass es aus Partikeln besteht, die von dem Objekt ausgehen, andere erklärten es als Modifikation eines zwischen dem Objekt und dem Auge sich befindlichen Mediums (Äther). Doch inzwischen gilt als experimentell nachgewiesen, dass das Licht jenen Doppelcharakter hat, sich je nach Versuchsanordnung als Welle oder als Teilchen zu zeigen.

## LYSSENKOS ideologische »Biologie«

Denissowitsch Lyssenko (1898 – 1976) war zur Zeit Stalins ein führender Biologe in der Sowjetunion, der ertragreichere Nutzpflanzen züchten wollte, um so die Ernährungsprobleme der Sowjetunion lösen zu können. Allerdings erwies sich seine Theorie, wonach Erbeigenschaften durch Umweltbedingungen geschaffen werden, als falsch. Lyssenko war ideologisch insofern beeinflusst, als dass er die Existenz von Genen als eine unsozialistische Theorie a priori als falsch abwies. Die Entstehung der Arten erklärte er sich im Unterschied zu Charles Darwin nicht als Prozess der Mutation und der Selektion, sondern als Vererbung von durch die Umwelt erworbenen Eigenschaften. Lyssenko verfügte über gute Beziehungen zum sowjetischen Geheimdienst NKWD, der Kritiker seiner falschen Theorie durch Drohungen ausschaltete. Da er an die Anpassungsfähigkeit der Pflanzen glaubte, ordnete er den Anbau von Weizen in Gebieten, die dafür nicht geeignet waren, an, was die Nahrungsmittelknappheit in der Sowjetunion nur noch verstärkte. Fortan dient der Begriff Lyssenkoismus als Bezeichnung für die Beeinflussung der Wissenschaft durch die Politik.

# M

## MAGNETISMUS gegen Verstopfungen

Der Arzt Franz Anton Mesmer (1734 –1815) trat mit seinen Thesen zum tierischen Magnetismus hervor. Er nahm an, dass elektromagnetische Wellen das All und die Körper durchfließen und ein gegenseitiger Einfluss aller Körper auf alle Körper vorliegt. Der Mensch sei ständig diesen Strömen ausgesetzt und bilde selbst ein Feld aus Magnetismus. Mesmer ging davon aus, dass es ein unsichtbares Prinzip, ein *Fluidum* oder ein *Lebensfeuer* gibt, das das Universum und die Menschen durchströmt. Wenn nun dieses Prinzip im Körper zum Stocken komme, verursache dies alle Arten von Krankheiten. Indem er durch Handauflegen, hypnotische Besprechungen oder dem Anbringen von Magneten eine künstliche Krise auslöste, glaubte Mesmer, solche »Verstopfungen« heilen zu können. Zu diesem Zweck schloss er auch seine Patienten mit Kabeln an ein Gefäß, das sogenannte Baquet, an. Es handelte sich beim Mesmerismus nicht um eine Randerscheinung der Wissenschaftsgeschichte. In Berlin setzte sich Wilhelm von Humboldt für die Einrichtung eines Lehrstuhls für den

Magnetismus ein. Selbst der berühmte Philosoph Georg Wilhelm Friedrich Hegel griff in seiner Vorlesung über Anthropologie die Ideen über Magnetismus auf. In Deutschland erlebte der Mesmerismus während der Romantik eine erneute Blüte. Der menschliche und animalische Magnetismus wurde von Philosophen wie Schelling und Schopenhauer aufgegriffen. In Mozarts *Cosi fan tutte* kuriert Despina als Doktor mithilfe eines Magneten, den sie von Mesmer persönlich empfangen haben soll, einen vorgespielten Liebeskummer.

## Die MANDELN müssen weg

In den 60er-Jahren wurden die Mandeln – Teil des lymphatischen Rachenrings – durch einen operativen Eingriff fast routinemäßig entfernt. Damals hieß es in der Medizin, dass Rachen- und Gaumenmandeln eigentlich überflüssig seien und man sie problemlos auch kleinen Kindern entfernen könnte, obwohl in den Mandeln wichtige Abwehrzellen hergestellt werden und sie eine wichtige Funktion im Immunsystem haben. Die Mandeln fangen die in die Blut- und Lymphbahnen eingedrungenen Keime ab und stellen somit ein biologisches Filterorgan dar. Durch ihre Lage, sozusagen an der Pforte des Körpers, kommen sie in Kontakt mit allen möglichen Krankheitserregern. Häufige Erkrankungen der Mandeln sind Polypen und Mandelentzündung. Eine Mandelentzündung entsteht, wenn es den

Mandeln nicht gelingt, die Krankheitserreger zu besiegen und Letztere die Überhand gewinnen. Vor allem Kinder leiden häufig unter einer Angina, also einer akuten Entzündung der Gaumenmandeln. Im Gegensatz zu früher empfiehlt der Deutsche Berufsverband der Hals-Nasen-Ohrenärzte die operative Entfernung der Mandeln nur, wenn die Mandeln zu häufig entzündet sind. Denn dann können sie anderen Organen wie Herz, Nieren und Gelenken schaden.

## Der **MAUERFALL** widerlegt die Kremologen

Noch im Jahr des Mauerfalls, am 14. August 1989, verkündete der damalige Staatschef der DDR, Erich Honecker: *Den Sozialismus in seinem Lauf hält weder Ochs noch Esel auf.* Es sollten seine letzten »großen Worte« als Staatschef der DDR sein. Zwei Monate später musste er zurücktreten, und Egon Krenz wurde zum neuen Generalsekretär der SED gewählt, doch auch dies konnte nicht verhindern, dass drei Wochen später, am 9. November 1989, die Mauer fiel und damit den Zusammenbruch der kommunistischen Regime in Mittel- und Osteuropa beschleunigte. Wo waren damals die Politikwissenschaftler und Osteuropaforscher? Keiner von ihnen hatte die plötzliche Implosion der Sowjetregime vorausgesehen. Im Gegenteil gingen die sogenannten Kremologen davon aus, dass sich das Sowjetregime nicht reformieren lasse und von dauerhafter Natur ist. Dies führte in den 90er-Jahren zu einer Legitimationsfrage in der Osteuropaforschung. Der Zusammenbruch in Osteuropa traf die Forschung völlig unvorbereitet. So schreibt im Jahre 1987 der Osteuropa-Experte Michal Reiman über die Reformpolitik von Michael Gorbatschow (Glasnost, Perestroika): *Die gesellschaftliche Atmosphäre in der UdSSR hat sich bislang nur wenig verändert, und der Widerstand gegen die ›Neuerungen‹ kann nicht vernachlässigt werden.* ... In einem von den ungarischen Autoren Agnes Heller, Ferenc Fehér und György Márkus im Jahre 1983 geschriebenen Band *Der sowjetische Weg* heißt es unmissverständlich: *Eine Frage, die aufgrund historischer Erfahrungen objektiv beurteilt werden kann, lautet: haben ›kommunistische Reformen‹ von oben eine solide Chance sich langfristig positiv weiterzuentwickeln? Unsere Antwort ... ist ein klares Nein!* Zwei Jahre später kam Gorbatschow an die Macht und leitete den genannten Reformprozess, der schließlich zum Mauerfall führte, ein.

## Pasteurs **MIKROBEN** falsifizieren die »spontane Urerzeugung«

Der französische Chemiker und Biologe Louis Pasteur (1822 – 1895) entdeckte, dass Gärung von winzigen Zellen verursacht wird, die sich durch Spaltung vermehren. Damit schuf er die Grundlagen für die nach ihm benannte *Pasteurisierung.* Es handelt sich dabei um ein Erhitzungsverfahren mit Temperaturen unter 100 Grad zur Haltbarmachung von Lebensmitteln, bei der die vermehrungsfähigen Formen von Mikroorganismen zu 90 bis 99 Prozent abgetötet werden. Die Pasteurisierung wird zum Beispiel bei Milch, Fruchtsäften, Limonaden und Bier angewendet. Pasteur fand als Erster heraus, dass die Milchsäure bzw. Milchsäurehefe aus lebenden Organismen (Mikroben) und nicht aus toter Chemie besteht. Damit falsifizierte er die Theorie der »spontanen Urzeugung«, die sein Kollege Pouchet vertrat. Die Anhänger der spontanen Urzeugung nahmen an, dass sich neue lebende Organismen unter bestimmten Bedingungen auch aus rein chemischen Stoffen, toten Organismen oder Schlamm spontan bilden können. Dafür sprach die Beobachtung, dass sich zum Beispiel Würmer aus Kadavern bilden.

Als weiteren Beweis für seine Theorie der »spontanen Urzeugung« führte Pouchet das folgende Experiment an. In einer gut abgekochten Nahrung in einem Reagenzglas könne man nach nur kurzer Zeit die Existenz von Bakterienkulturen nachweisen. Wo sollten also die Bakterien herkommen, wenn nicht aus dem toten Material? Demgegenüber war Pasteur der Meinung, dass Leben nur aus Leben hervorgehen könnte. Jede lebendige Zelle gehe aus der Teilung einer anderen vorher existierenden lebenden Zelle hervor. Die Entstehung einer lebenden Zelle aus unbelebter Materie sei unmöglich. Die Bakterienkulturen im Reagenzglas seien nicht aus dem toten Material entstanden, sondern hätten ihren Weg von außen in den Behälter gefunden. Um seine Theorie zu stützen, führte Pasteur ein eindruckvolles Experiment vor.

Er kochte in Reagenzgläsern mit langen Hälsen ein Fleischstück ab und ließ es eine Zeit lang stehen. Man konnte beobachten, dass sich keine Bakterien entwickelten. Als Pasteur in einem weiteren Experiment die Hälse der Reagenzgläser um die Hälfte verkürzte, bildeten sich nach kürzester Zeit Bakterien. Bevor die Hälse der Gläser verkürzt wurden, war der Weg für die Bakterien zu lang gewesen, sodass sie keinen Zutritt zum Inhalt der Gläser fanden. Erst als der Weg um die Hälfte verkürzt wurde, schafften es die Bakterien, bis zum Innern des Halses vorzudringen und das abgekochte Fleisch zu befallen. Mit diesem Experiment überzeugte er die Mitglieder der französischen Akademie, die größtenteils katholisch waren und deshalb schon von vorneherein einer Position zuneigten, nach der Leben nur aus Leben entstehen kann. Die Schaffung von Leben aus der toten Materie oder dem Nichts sei nur Gott vorbehalten. Die These von der spontanen Entstehung von Leben aus der Materie kam diesen Mitgliedern wie Ketzerei vor.

## Richard Specks fehlendes **MÖRDERCHROMOSOM**

In Robert Musils Roman *Der Mann ohne Eigenschaften* kommt die Figur des Sexualverbrechers *Moosbrugger* vor, anhand derer Musil die Problematik des freien Willens diskutiert. *In den Augen des Richters gingen seine Taten von ihm aus. In den seinen* (Moosbruggers) *waren sie auf ihn zugekommen wie Vögel, die herbeifliegen.* Gibt es im Erbgut Veranlagungen, die einen Menschen zum Mörder bzw. unbeherrschten Menschen machen? Waren Stalin und Hitler, Göring und Goebbels geradezu prädestiniert für ihre Verbrechen? In den 20er- und 40er-Jahren des letzten Jahrhunderts wurden Studien durchgeführt, wonach Kriminalität erbbiologisch bedingt sei. Johann Lange veröffentlichte 1929 ein Buch mit dem bezeichnenden Titel: *Verbrechen als Schicksal.* Als man in den 60er-Jahren des 20. Jahrhunderts herausfand, dass der Chromosomensatz vieler Menschen pathologische Veränderungen zeigt, lag es nahe, zu untersuchen, ob Menschen mit einem bestimmten Erbgut mehr zur Gewalt neigen als andere.

Dazu wurden Studien unter Männern durchgeführt, die eine zahlenmäßige Veränderung der Chromosomen vorwiesen, zum Beispiel ein Y-Chromosom zu viel hatten. Man vermutete, dass eine derartige Abweichung auch eine größere Neigung zum Fehlverhalten bzw. Verbrechen zu begehen verursacht. Aufsehen erregte im Jahre 1965 eine Studie der englischen Humangenetikerin Patricia Jacobs, die 196 Insassen eines schottischen Gefängnisses untersuchte und unter ihnen 8 Männer mit einem überzähligen Y-Chromosom fand. Im Vergleich zur Gesamtbevölkerung, in der eine Abweichung der Chromosomenzahl sehr selten vorkommt, war dies ein hoher Prozentsatz an XYY-Chromosomen. Es wurde die These aufgestellt, dass Männer mit einem solchen Erbgut eher als andere zu Aggressivität und Gewaltanwendung neigen. Eine solche Hypothese konnte allerdings empirisch nie nachgewiesen werden.

1966 stand in Chicago der 24-jährige Richard Speck vor Gericht, der acht junge Frauen ermordet hatte. Er war mit einem Messer in ein Schwesternwohnheim in Chicago eingedrungen, fesselte die neun anwesenden Schwesternschülerinnen und tötete sie eine nach der anderen. Eines seiner Opfer versteckte sich unter einem Bett und überlebte als einzige die Bluttat. Nach diesem schrecklichen Verbrechen verließ Speck das Wohnheim, konnte aber von der überlebenden Frau identifiziert werden, sodass er einige Tage später verhaftet wurde. Man vermutete, dass er das Mörderchromosom hatte, was jedoch nicht stimmte, wie sich später herausstellte. Doch in der Öffentlichkeit hielt sich hartnäckig das Gerücht, dass es vor allem Erbanlagen sind, die Menschen zu Mördern machen. Das behauptete auch ein Rechtsanwalt in Paris, der 1968 einen Prostituiertenmörder dadurch zu verteidigen versuchte, dass er auf eine vorliegende Chromosomenanomalie bei dem Angeklagten hinwies. In der Tat wurde der Mann nicht voll zur Verantwortung gezogen und vom Gericht als nicht voll zurechnungsfähig verurteilt. Schon bald wurde der Vorschlag gemacht, XYY-Männer noch im jugendlichen Alter in eine Sicherheitsverwahrung zu bringen. Nun wollte man in empirischen Studien genau nachweisen, wie viele Männer die Abweichung vorweisen. Man stellte fest, dass dies unter tausend Männern einmal vorkommt. In Deutschland wären das ungefähr 40.000 Männer. Sollte man sie alle einsperren?

Die Ergebnisse dieser Studie riefen wachsende Skepsis hervor, ob es überhaupt einen Zusammenhang zwischen der Anomalie der Chromosomen und der Delinquenz gibt. Viele Ansätze, die für verbrecherisches Verhalten biologische Ursachen heranziehen, sind empirisch nur ungenügend abgesichert. Oft wird Kriminalität mit Aggressivität gleichgesetzt, was fragwürdig ist. Es ist auszuschließen, dass ein Mensch allein wegen seiner Gene zum Verbrecher wird. Soziale und gesellschaftliche Faktoren müssen hinzutreten. Es gibt immer eine genügend große Anzahl von Fällen, in denen Verbrechern das ihnen zugewiesene biologische Merkmal nicht nachgewiesen werden kann. Umgekehrt werden Menschen mit den »Risikofaktoren« nicht automatisch kriminell. Den »geborenen Kriminellen« gibt es nicht. Heute kann als sicher gelten, dass die These, Männer, die ein zweites Y-Chromosom vorweisen, zur Gewalttätigkeit und Kriminalität neigen, ein Irrtum war. Die Mehrzahl der Männer mit abweichendem Chromosom führt ein ganz normales Leben.

Demgegenüber erscheint das von dem französischen Soziologen Émile Durkheim ausgearbeitete Konzept der Anomie eine plausiblere Erklärung für kriminelles Verhalten zu sein. Gemäß Durkheim neigen Menschen, die sich aufgrund ökonomischer und gesellschaftlicher Faktoren orientierungslos fühlen, zur Kriminalität. Durkheims These wurde in den 30er-Jahren des 20. Jahrhunderts von dem Amerikaner Robert Merton weitergeführt. Merton versuchte nachzuweisen, wie Widersprüche zwischen den Verheißungen des American way of Life und der tristen Realität zur Kriminalität verführen. Die Jugendlichen sitzen dem Mythos vom Tellerwäscher zum

Millionär auf; stündlich wird ihnen durch die Medien suggeriert, dass es in unserer Gesellschaft jeder schaffen kann, wenn er sich nur anstrengt. Als oberstes Ziel erscheint ihnen ein Leben in Luxus und Wohlstand. Doch in Wirklichkeit handelt es sich dabei nur um einen Mythos, der nur sehr wenige Menschen glücklich und die meisten unglücklich macht. Wie es schon in Brechts Stück *Die Dreigroschenoper* heißt: *Denn die einen sind im Dunkeln/ Und die andern sind im Licht/ und man siehet die im Lichte/ Die im Dunkeln sieht man nicht.*

# N

## NERVENZELLEN leben länger

Lebewesen, die mit einem Zentralnervensystem (ZNS) ausgestattet sind, weisen verschiedene Grade der Komplexität auf. Würmer verfügen über ein halbes Dutzend Neuronen, Fliegen schon über 100.000. Menschen weisen eine Anzahl von 100 Milliarden Neuronen auf. Diese Neuronen besitzen Synapsen. Nimmt man pro Synapse nur zwei Einstellungen (ein und aus) an, ergibt sich eine Gesamtzahl möglicher Gehirnzustände von 2 hoch 100 Billionen, eine Zahl, die weit größer ist als die Nukleonen im gesamten Universum. In den 50er-Jahren dachte man, unser Gehirn funktioniere wie ein Computer, heute weiß man, dass Neuronen nicht mit digitalen Elektroden zu verwechseln sind. Denn sie funktionieren nicht nach einem klaren Plus-Minus-Schema, sie tun weit mehr, als entweder in Ruhe zu sein oder zu *feuern.* Das Gehirn ist ein plastisches Gesamtsystem, alle Versuche, das neuronale System durch Digitalcomputer oder durch sogenannte *Turingmaschinen* zu ersetzen, schlugen bisher fehl.

Als ein Irrtum stellte sich die Annahme der Hirnforscher heraus, dass sich die Gehirnzellen nicht mehr erneuern können. Es hieß, dass mit jedem Nikotin- und Alkoholmissbrauch, aber auch durch den Alterungsprozess eine unersetzbare Masse an Neuronen vernichtet würde. Man stritt sich lediglich darüber, um wie viele Nervenzellen es sich handelt, die tagtäglich verloren gingen. Doch nun stellte sich heraus, dass das Gehirn weit regenerationsfähiger ist als erwartet. In unserem Großhirn befinden sich sogenannte »schlafende« sternförmige Stammzellen, genannt Astroglia, die verloren gegangene Nervenzellen ersetzen können. Allerdings ist den Forschern noch nicht klar, warum dies in manchen Fällen kein Problem ist, während in anderen der gewünschte Effekt ausbleibt. Früher dachte man, dass die Astroglia die Funktion hätten, die eigentlichen Nervenzellen zu schützen und zu ernähren. Doch jetzt wurde herausgefunden, dass sie sich in bestimmten Fällen teilen und zu Nervenzellen entwickeln können. Direkt nach einer Verletzung ist die Chance am größten, dass sie sich in Nervenzellen verwandeln.

# P

## Scheinproblem PERPETUUM MOBILE

Unter einem *Perpetuum mobile* versteht man eine Maschine, die sich ewig selbst bewegt. Das Wort *Perpetuum mobile* stammt aus dem Lateinischen und bedeutet *perpetuum = auf immer, auf ewig* und *mobile = beweglich*. Tüftler und Wissenschaftler waren in der Vergangenheit davon überzeugt, dass die Konstruktion einer solchen Maschine möglich ist. In der Renaissance arbeitete Leonardo da Vinci an diesem Projekt und skizzierte in seinem Notizbuch eine sich selbst antreibende Maschine. Der erste belegbare Entwurf eines Perpetuum mobile stammt allerdings aus Indien, dem Land des Glaubens an ewige Kreisläufe. Es handelt sich um eine Radkonstruktion des Astronomen und Mathematikers Bhaskara. Er beschrieb im Jahre 1150 ein Holzrad mit hohlen quecksilbergefüllten Speichen. Weil die schwere Flüssigkeit auf der einen Seite weiter vom Mittelpunkt entfernt war als auf der anderen, sollte sich das Rad für alle Zeit von selbst drehen. Doch alle Versuche scheiterten.

Bereits im Jahre 1775 nahm deshalb die Pariser *Académie des Sciences* keine Patentanträge mehr für ein Perpetuum mobile an und ließ verlauten: *Die Konstruktion eines Perpetuum mobile ist vollkommen unmöglich.* Der Grund dafür sind die physikalischen Gesetze, genauer gesagt der von Robert Mayer formulierte Erste Hauptsatz der Thermodynamik. *Es ist unmöglich, eine periodisch arbeitende Maschine zu konstruieren, die fortlaufend mehr Energie abgibt, als zu ihrem Betrieb aufgewendet werden muss. (Energieerhaltungssatz).* Doch warum sollte ausgerechnet dieser Satz unwiderlegbar sein? Kein Geringerer als Max Planck bezweifelt dies: *Das Energieprinzip ist ein Erfahrungssatz. Sollte also eines Tages die Anerkennung seiner Allgemeingültigkeit eine Einschränkung erleiden, was in der Atomphysik tatsächlich manchmal vermutet worden ist, so würde das Problem des Perpetuum mobile plötzlich echt werden. Insofern ist seine Sinnlosigkeit keine absolute.*

Denkbar ist, dass das ganze Universum einem riesigen Perpetuum mobile gleicht. Diese überraschende Sicht vertrat im 19. Jahrhundert Friedrich Nietzsche mit seiner These von der »Ewigen Wiederkehr des Gleichen«. Der Philosoph war mit den physikalischen Theorien seiner Zeit durchaus vertraut. Folgt man dem Nietzsche-Kenner Günther Abel, kam Nietzsche zu dem Schluss, dass unter der Prämisse eines endlichen Quantums an Energie und Materie sowie einer *endlichen Anzahl von Elementen und möglicher Kräfte-Kombination in Verbindung mit einer unbegrenzten, aber nicht-unendlichen Gesamtgestalt des Raumes sowie einer Zeit-Unendlichkeit der Welt der Gedanke einer Wiederholung der Zustände des Universums, einer ewigen kreisförmigen identischen Wiederkehr aller Dinge unausweichlich wird.*

Wenn es im All nur endlich viele Kräfte und Dinge gibt, lassen sie sich auch nur in endlich vielen Anordnungen gruppieren. Um es an einem Beispiel zu demonstrieren: Wir geben in einen Computer den Satz *Das ist ein kurzer Satz* ein und programmieren ihn so, dass er die Reihenfolge der Wörter verändern soll: *1. Das ist ein kurzer Satz 2. ist Satz das kurzer ein, 3. kurzer das ein Satz ist usw.* Es leuchtet ein, dass, wenn der Computer immer so weiter macht, sich der Ausgangssatz irgendwann wiederholt, da es nur 120 verschiedene Kombinationen der fünf Wörter gibt. Doch nicht nur ein Satz wird sich identisch wiederholen, sondern auch bestimmte Reihenfolgen der Sätze selbst. Unter den genannten Prämissen gibt es nur endlich viele Situationen. Wenn die Zeit als ewig gedacht wird, dann muss sich jede Situation unendlich oft wiederholen. Wenn dies stimmt, würde sich jeder einzelne Augenblick, auch gerade der, in dem wir uns momentan befinden, irgendwann wiederholen, nicht nur einmal, sondern unendlich oft, wenn wir die Zeit als unendlich denken. *Wie, wenn dir eines Tages oder Nachts, ein Dämon in deine einsamste Einsamkeit nachschliche und dir sagte: ›Dieses Leben, wie du es jetzt lebst und gelebt hast, wirst du noch einmal und noch unzählige Male leben müssen; und es wird nichts Neues daran sein, sondern jeder Schmerz und jede Lust und jeder Gedanke und Seufzer und alles unsäglich Kleine und Große deines Lebens muss dir wiederkommen, und alles in der selben Reihe und Folge – und ebenso diese Spinne und dieses Mondlicht zwischen den Bäumen, und ebenso dieser Augenblick und ich selber.‹*

In seinem lesenswerten Buch *Abenteuer im Kopf* vertritt Hans-Ludwig Freese die Meinung, dass Nietzsches Wiederkehrlehre logisch auf schwachen Füßen steht und bringt dafür das folgende Beispiel: *Angenommen, drei Räder von gleicher Größe sind auf einer gemeinsamen Achse montiert und auf jedem Rad ist ein Punkt auf seinem Rand markiert. Die drei Punkte werden mit Hilfe eines Fadens, der über den Rädern aufgespannt ist, in Gleichstellung gebracht; dann werden die Räder mit den Geschwindigkeiten n, 2n, und n/pi unendliche Male gedreht. Niemals wieder werden die drei Punkte die ursprüngliche Anordnung unter dem Faden aufweisen.* Doch unabhängig von diesen logisch-wissenschaftlichen Argumenten geht es Nietzsche beim Gedanken der *ewigen Wiederkehr* weniger um eine wissenschaftliche als um eine philosophische Wahrheit. Die Lehre vom Weltall als Perpetuum mobile fungiert bei Nietzsche als Antwort auf die Metaphysik, die Religion und den gerade im 19. Jahrhundert weit verbreiteten Fortschrittsglauben. Wenn sich alles und jedes ewig wiederholt, kann man schlecht von Fortschritt sprechen.

Bei Nietzsche fungiert die Wiederkunftslehre im Wesentlichen als ein Testgedanke. Wir sollen uns vorstellen, dass sich alles in genau derselben Weise nicht nur einmal, sondern unendlich oft wiederholt. *Willst du dies noch einmal und noch unzählige Male?* Nietzsche fragt, ob wir diesen Gedanken ertragen könnten oder ob wir – wenn wir an seine Wahrheit wirklich glaubten – eher daran verzweifelten. Schließlich kennt jeder von uns Situationen, von denen er auf gar keinen Fall will, dass sie sich wiederholten und schon gar nicht unendlich oft. Nietzsche fragt also, in welcher Weise die Lehre von der Ewigen Wiederkehr unser Lebensgefühl verändern würde. Das Perpetuum mobile der ewigen Wiederkehr zu wollen, ist für ihn der Gradmesser, an dem sich der Wert eines Daseins zu bewähren hat.

## Zwischen PEST und Cholera

Waren es wirklich, wie angenommen, die Bakterien der Pest, genannt der Schwarze Tod, denen im 14. Jahrhundert Hunderttausende zum Opfer fielen? »Pest« stammt aus dem Lateinischen Yersinia Pestis und bedeutet ansteckende Krankheit. Als gegen Ende des 19. Jahrhunderts der Pesterreger gefunden wurde, ging man davon aus, dass die durch Rattenflohbisse übertragene Pest für die großen Pandemien im Mittelalter verantwortlich war. Demzufolge soll zwischen 1347 und 1670 in Europa jeder zweite Mensch an der Pest gestorben sein. Vor Kurzem fand man auf einem Friedhof im französischen Montpellier die DNA der Yersinia Pestis in den Knochenresten von zwei im Jahre 1348 verstorbenen Erwachsenen und einem Kind. Was jedoch die Forscher irritiert, ist die Geschwindigkeit, mit der sich die Krankheit damals von Ort zu Ort ausbreitete. Zumindest bestätigen das entsprechende Quellen. Pestkranke wurden mitunter auf Schiffe gebracht und auf das weite Meer geschickt, um die Seuche einzudämmen. Ganze Stadtgebiete wurden unter Quarantäne gestellt.

Doch war es wirklich die Pest oder nicht eher der Seuche Ebola verwandte Viren, die – direkt von Mensch zu Mensch übertragen – das Massensterben verursachten?

Letzteres behaupten zwei britische Wissenschaftler – Susan Schott und Christopher Duncan – von den Universitäten Liverpool und Oxford. Ihrer Meinung nach handelte es sich bei der mittelalterlichen Pandemie um ein durch Viren übertragenes hämorrhagisches Fieber. Dafür sprechen die folgenden Indizien: Aus der Überlieferung geht hervor, dass sich die Krankheit rasend schnell ausbreitete. Als sie in England wütete, gab es auf der Insel noch gar keine Wanderratten als Trägerin des Rattenflohs. Die Sterberate betrug in England fast 100 Prozent, während der Beulenpest durchschnittlich nur die Hälfte der Infizierten erlag. In Autopsieberichten aus der Zeit der englischen Königin Elisabeth I. im 16. Jahrhundert wird von Auflösungserscheinungen der inneren Organe und roten Flecken auf der Brust berichtet, was für Filoviren als Überträger einer der Ebola verwandten Seuche spricht. Es war vermutlich nicht nur die Pest, die in England und im gesamten Europa die Pandemie verursachte. Das Rätsel um den Schwarzen Tod bleibt weiterhin ungelöst.

## PHLOGISTON in brennbaren Substanzen

Ein Wissenschaftsirrtum aus der Physik ist die Phlogiston-Theorie des Mediziners und Forschers Georg Ernst Stahl (1659 –1734). *Phlogiston* leitet sich von dem griechischen Verb *phlegein = brennen* ab und heißt im Deutschen soviel wie *brennbares Wesen.* Stahls These lautete: *Stoffe, die verbrennen, werden deshalb leichter, weil aus feinen Poren ein Gas, Phlogiston, entweicht.* Ihm fiel auf, dass verbrannte Kohle deutlich weniger Gewicht hat als vorher. Er konnte sich das nur so erklären, dass während der Verbrennung ein bestimmter Stoff, das Phlogiston, aus den Poren des Holzes oder der Kohle entweicht. Auf den Punkt gebracht lehrte Stahl, dass alle brennbaren Substanzen Phlogiston enthalten, welches sich Stahl als einen feinen gasförmigen Stoff vorstellte. Er sei in Stoffen wie Holz, Papier, Kohle usw. in unterschiedlicher Konzentration enthalten. Die Asche oder die Holzkohle, die nach dem Verbrennungsprozess übrigbleibt, nannte er dephlogistiert.

Nachdem Stahl in seinem Labor entsprechende Versuche unternommen hatte, veröffentlichte er im Jahre 1676 seine Thesen, die bald zum anerkannten Bestandteil des chemischen Wissens gehören sollten, obwohl es nie gelang, das Phlogiston experimentell eindeutig nachzuweisen. Trotzdem wurde die Phlogiston-Theorie fast ein Jahrhundert lang von allen wichtigen Chemikern vertreten.

Erst Antoine Laurent de Lavoisier (1743 – 1794), der den Satz von der Erhaltung der Masse formulierte, konnte die Phlogiston-Theorie falsifizieren. Er entdeckte, dass die Verbrennung eine Verbindung mit Sauerstoff ist, die sogenannte Oxidation. Das heißt, bei der Verbrennung nimmt der entsprechende Stoff Sauerstoff auf, was ihn zunächst schwerer macht. Dass Holz dennoch an Gewicht verliert, liegt daran, dass es Rauch, also gasförmige Materie abstößt. Schon vorher hatte man festgestellt, dass der Gewichtsverlust nach einer Verbrennung keineswegs die Regel ist, sondern manche Metalle nach ihrer Verbrennung Stoffe bilden, die schwerer sind als das verbrannte Material, was alleine schon die Phlogiston-Theorie widerlegt hätte. Doch wie der Wissenschaftsphilosoph Thomas S. Kuhn betont, sind in den Zeiten, in denen ein bestimmtes Paradigma gilt, die Forscher gegenüber Einwänden und Widersprüchen fast taub. Widersprüche werden entweder ignoriert oder mittels Ad-hoc-Ergänzung rationalisiert. Bei der Phlogiston-Theorie wurde sogar so weit gegangen, dass das Phlogiston in manchen Fällen ein negatives Gewicht habe. Man kann anhand der Phlogiston-Theorie sehr gut nachweisen, wie sich eine falsche Theorie durch Gewohnheit in ein Dogma verwandeln kann, an dem niemand mehr zweifeln darf.

## Klasse statt Masse – Fehler der PHRENOLOGIE

Am Beispiel der Phrenologie kann man sehr gut verfolgen, wie soziale Faktoren das Schicksal einer Theorie beeinflussen. Bei der Phrenologie (von griech. Phrenos = Geist) handelt es sich um eine gegen Ende des 18. Jahrhunderts von dem Österreicher Franz Joseph Gall (1758 – 1828) vertretene Lehre, wonach man von der Schädelform auf bestimmte mentale Eigenschaften schließen kann. Diese Lehre ist von der Aristokratie nur mit Argwohn aufgenommen worden, entsprechende Forschungsprogramme wurden schnell eingestellt, was, wie sich zeigte, auch prinzipiell richtig war. Zunächst fand die Phrenologie zahlreiche Anhänger, sogar Goethe soll sich positiv geäußert haben. Lag es nicht auf der Hand, dass bestimmte Schädelformen auf bestimmte Fähigkeiten hinweisen? Man sagt zum Beispiel, jemand habe einen musikalischen Hinterkopf oder eine hohe Stirn, und meint damit, dass er intelligent aussieht. Der französische Chirurg Paul Broca (1824 – 1880) war der festen Überzeugung, dass die Größe des Gehirnschädels etwas über die Intelligenz eines Menschen aussagt.

Am kleineren Gehirnschädel von Frauen glaubte er deren geistige Unterlegenheit gegenüber den Männern nachweisen zu können.

Bei der Intelligenz kommt es jedoch nicht auf die Größe des Gehirns an, sondern auf die Struktur. Zwar ist das menschliche Gehirn kleiner als das mancher Tiere, aber mit Stammhirn, Zwischenhirn und Kleinhirn viel differenzierter aufgebaut. Für das Funktionieren des Gehirns ist der Austausch unter den Nervenzellen wichtig. Wenn die Verbindungen unter den Synapsen wie bei Demenzkranken nicht mehr funktionieren, führt das zu deutlichen Krankheitssymptomen. Ob das Gehirn eines Menschen aber etwas größer oder kleiner ist, hat in Bezug auf seine Leistung nichts zu sagen. Zwar ist in absoluten Zahlen betrachtet das Gehirn der Männer meist um rund 15 Prozent schwerer als das der Frauen, wobei zu bedenken ist, dass Männer in der Regel mehr Körpermasse besitzen, doch ist das weibliche Gehirn dichter mit

Nerven durchzogen und weist eine stärker ausgeprägte Verbindung zwischen den beiden Hirnhälften auf.

# R

## Der anthropologische RASSENWAHN

Im wissenschaftsgläubigen 19. Jahrhundert wurde eine der gefährlichsten falschen Theorien überhaupt entwickelt: die Lehre von den unterschiedlichen Rassen unter den Menschen. Sie führte in gerader Linie zum Holocaust und der Ermordung von mehreren Millionen Juden während des Zweiten Weltkrieges. 1899 verfasste Houston Steward Chamberlain eine Schrift mit dem Titel *Grundlagen des 19. Jahrhunderts,* in der er das Germanentum verherrlichte. Schon vorher vertrat der Franzose Joseph Arthur de Gobineau (1816 – 1882) in dem Werk *Über die Ungleichheit der Menschenrassen* (1853/54) eine ähnliche Auffassung. Ihm zufolge waren die germanischen Arier eine Elite-Rasse, die über alle anderen Rassen herrschen sollte. In der Folge wurden diese grundfalschen Gedanken u. a. von Eugen Dühring *Die Judenfrage als Racen-, Sitten-, und Culturfrage* (1881), Theodor Fritsch *Handbuch der Judenfrage* (1887), Alfred Rosenberg *Mythos des 20. Jahrhunderts* (1930) vertreten. Fanatisches Ziel dieser Schriften war es, die germanische Rasse »rein« zu halten, weil sie das beste Erbgut habe, aber ständig in Gefahr sei, von »artfremdem« Erbgut durchmischt und unterminiert zu werden.

Die Lehre von der Überlegenheit der arischen Rasse wurde von zahleichen Wissenschaftlern der damaligen Zeit vertreten, das heißt, sie galt damals nicht als Ideologie/Weltanschauung oder dergleichen, sondern als wissenschaftlich fundiert! Später vertraten die Anthropologen und Rassenforscher des Nationalsozialismus die These, dass die »nordische Rasse« gegen »artfremde Elemente« wie Juden, »Zigeuner«, Geisteskranke, Erbkranke usw. geschützt werden müsse. Als Beispiel sei der Anatom und Rassenforscher Professor Dr. med. Eugen Fischer angeführt, der Lehrstühle in Würzburg, Freiburg und Berlin innehatte, bis er 1927 Direktor des Kaiser-Wilhelm-Instituts für Anthropologie wurde. 1933 wurde er zum Rektor der Berliner Universität gewählt. Im darauffolgenden Jahr schreibt er stolz in der Zeitschrift *Volk und Rasse: Ich war der einzige akademische Lehrer in Deutschland, der seit mehr als 25 Jahren die Bedeutung der nordischen Rasse … vortrug. Ich habe viele Hunderte von heutigen Ärzten Deutschlands zu Zeugen. … In Vorträgen vor Primanern habe ich rückhaltlos … den Rassegedanken in die jungen Herzen gelegt.* Vor diesem Hintergrund verwundert es nicht mehr ganz so sehr, wie ein so irriger Gedanke wie die Rassenideologie des Nationalsozialismus eine derartige Verbreitung fand.

# S

## Die »Stille Post« der SAPHIR/WHORF-HYPOTHESE

Sollte es auch in der sonst so strengen Wissenschaft so etwas wie das Prinzip »Stille Post« geben, wonach mit der Verbreitung von Nachrichten sich die ursprüngliche Information manchmal bis in ihr Gegenteil verkehrt? Der Schweizer Wissenschaftsphilosoph Philippe Patry führt mit der »linguistischen Relativitätshypothese« von Saphir/Whorf ein Beispiel aus der Sprachwissenschaft an. Diese besagt, dass Sprachen nicht miteinander vergleichbar und übersetzbar sind und – wie schon Wilhelm von Humboldt vermutete – dass das Denken sprachabhängig ist, sodass verschiedene Sprachen verschiedene Weltbilder prägen. Als Beleg wird angeführt, dass die Eskimos mehrere Wörter für Schnee kennen. Waren es gemäß der Forschungen des Ethnologen Franz Boas sieben Wörter, die die Eskimos für Schnee benutzen, so steigt mit jedem Weitererzählen dieses interessanten Faktums die Anzahl der Wörter. In manchen Zeitschriften hieß es, dass es bei den Bewohnern der arktischen Regionen 200 Wörter für »Schnee« gibt.

Demgegenüber nennt ein Wörterbuch von Eskimo-Sprachen die richtige Antwort: zwei! Doch was würde passieren, wenn in einer Linguistikvorlesung ein Student gegen die Saphir/Whorf-These einwenden würde, dass die Eskimos nur zwei Wörter für »Schnee« kennen? Vermutlich würde er als Spielverderber gelten.

Des Weiteren vertrat Whorf die Ansicht, dass die Hopi-Indianer keine Vorstellung von Zeit hätten, weil sie keine Zeitbegriffe kennen würden. Das hat sich später allerdings als falsch herausgestellt. Die Hopi-Indianer verfügen nämlich sehr wohl über Zeitbegriffe; Whorf hat einfach nicht genau genug recherchiert. In der Folge wurde die Theorie, dass die Sprache unser Denken prägt, nicht richtig weiterverfolgt, bis jüngst der Linguist Guy Deutscher anhand der Farbbegriffe nachwies, dass an ihr doch mehr dran ist, als man nach den Irrtümern der Whorf/Sapir-These glaubte. So gibt es in verschiedenen Sprachen unterschiedlich viele Wörter für die Farben. Homer benutzte für verschiedene Farben nur ein Wort und überwiegend nur Schwarz und Weiß. Das Blau des Himmels – für den Dichter Hölderlin gleichsam Symbol für Griechenland – ist bei Homer gar nicht erwähnt. Haben Homer und die Griechen das Blau des Himmels überhaupt wahrgenommen? Viele Sprachen unterscheiden nur zwischen drei Farben: Schwarz, Weiß und Rot. Das Farbvokabular hat sich erst im Laufe einer geschichtlichen Entwicklung um Gelb, Grün und Blau erweitert. Es liegt nahe, dass unterschiedliche sprachliche Differenzierungen Auswirkungen auf die Wahrnehmung der Farben haben. Es ist also doch etwas an der These dran, dass unterschiedliche Sprachen dazu führen, dass ihre Sprecher sich unterschiedlich genau über eine bestimmte Situation äußern bzw. ausdrücken können. So eröffnet die an sich willkürliche Einteilung der Gegenstände in männlich, sächlich oder weiblich einen eigentümlichen Assoziationsraum. In dem Heinegedicht *Fichtenbaum und Palme* träumt zum Beispiel ein Fichtenbaum (männlich) von seiner Palme (weiblich). *Ein Fichtenbaum steht einsam / Im Norden auf kahler Höh'! / Ihn schläfert; mit weißer Decke / Umhüllen ihn Eis und Schnee. // Er träumt von einer Palme, / Die fern im Morgenland / Einsam und schweigend trauert / Auf brennender Felsenwand.* Übersetzt ins Englische, das als den bestimmten Artikel nur »the« kennt, verliert das Gedicht fast zwangsläufig an erotischer Spannung.

## SCHOLASTIK oder Was treibt man in der Hölle?

Vor dem Hintergrund von Universitäts- und Ordensgründungen ging es in der mittelalterlichen Scholastik darum, das Wissen der Zeit schulmäßig in das christliche Weltbild zu integrieren. Die Scholastik bezeichnet darüber hinaus eine Methode, mittels derer theologische und philosophische Fragen in Bezug auf die autoritativen Texte der Kirchenväter eingehend diskutiert und ausgelegt wurden. »Scholastik« stammt von dem lateinischen Wort schola (Schule) und dient nach dem Philosophen *Wolfgang Kluxen* als eine Art Sammelbegriff für die mittelalterliche Wissenschaft schlechthin. Die Wissenschaft und die Philosophie wurden allerdings von den Scholastikern gegenüber der Theologie als untergeordnet begriffen. *Anselm von Canterbury* prägte den Satz *Credo ut intelligam – ich glaube, um zu erkennen,* der wie kein anderer die scholastische Methode kennzeichnet.

Der Wissenschaftsirrtum der Scholastiker bestand hauptsächlich darin, sich sozusagen mit den falschen Fragen, die man mit den Mitteln der Wissenschaft nicht beantworten kann, beschäftigt zu haben. Von heute aus betrachtet muten Probleme, die die Scholastiker beschäftigten, als widersinnig an. Zum Beispiel, wenn man sich darüber stritt, wie viele Engel auf einer Nadelspitze Platz finden können. Nicht zuletzt wegen der dialektischen Spitzfindigkeiten der Scholastiker wurde das Mittelalter seit der Aufklärung als dunkel (das dunkle Zeitalter) bezeichnet. Hier einige »Probleme«, über die sich die Scholastiker stritten: *Hat die Ziege Wolle oder Borsten? Steht oder liegt Gott Vater? Kann er einen Berg ohne Tal schaffen? Tanzen die Engel Menuett? War es Luzifer, der den ersten Purzelbaum schlug? Was treibt man in der Hölle? Bis zu welchem Thermometergrad steigt in der Hölle die Hitze?* (vgl. Leopold Loewenfeld) Aus heutiger Sicht erscheint es kaum nachvollziehbar, dass sich intelligente Männer tagelang über solche »Probleme« Gedanken machten und ernsthaft stritten. Doch wer weiß, vielleicht erscheint es einer zukünftigen Generation ebenso unverständlich, dass sich der heutige Mensch mit einem derart großen Aufwand mit der Teilchenphysik oder der Analyse von Staub aus dem Weltraum beschäftigt.

## SPINAT macht stark

Kaum ein Gerücht hält sich hartnäckiger, als dass Spinat viel Eisen enthält. Eltern glauben, ihren Kindern etwas Gutes zu tun, wenn sie ihnen – obwohl ihnen dieses Gemüse häufig gar nicht schmeckt – Spinat geben, weil Eisen zur Blutbildung beiträgt. In den USA wurde 1929 die Comicfigur des Seemanns Popeye mit seiner Vorliebe für Spinat erfunden. Immer wenn Popeye eine Portion Spinat verdrückt, entwickelt er übermenschliche Kräfte. Kein Wunder, dass der Comicfigur in der texanischen Spinat-Metropole Crystal City ein Denkmal gesetzt wurde.

In Wirklichkeit hat Spinat jedoch keinen hohen Eisengehalt, selbst Schokolade hat mehr. Bis heute ist nicht eindeutig geklärt, woher das Gerücht mit dem höheren Eisenanteil stammt. Es soll so gewesen sein, dass gegen Ende des 19. Jahrhunderts der Schweizer Physiologe Gustav von Bunge den Eisengehalt von Spinat berechnete und fehlerhafte 35 Milligramm Eisen aus 100 Gramm Spinat erhielt, weil er für seine Messungen konzentriertes Spinatpulver und nicht die Frischware benutzte. Er hatte jedoch nicht bedacht, dass frischer Spinat zu 90 Prozent aus Wasser besteht. Nach einer anderen Version war es ein Wissenschaftler, der im Jahre 1890 den Eisengehalt von Spinat errechnete und sich in der Kommasetzung irrte. Statt 2,9 mg schrieb er 29 mg je 100 g Gemüse. In Wahrheit beträgt der Eisengehalt von Spinat gekocht etwa 2,2 mg pro 100 Gramm.

Nach dem Zweiten Weltkrieg wurde der Konsum von Spinat vor allem in Amerika stark propagiert. Man nahm an, dass wegen des damaligen Fleischmangels der Spinat den Eisenbedarf des Körpers decken könne. Damals wurde die Parole ausgegeben, die Amerikaner seien *strong to finish 'cos they ate their spinach.* (Die Amerikaner siegen, weil sie ihren Spinat essen.) Mit der Reedukation führten sie in Deutschland nicht nur die Demokratie ein, sondern versorgten auch die hungernde Bevölkerung mit Spinatdosen.

## Lustseuche **SYPHILIS**

Immer noch rätseln die Mediziner, woran Heinrich Heine nach acht langen Jahren des Leidens in seiner Pariser Matratzengruft starb. Sie bringen Krankheiten wie Multiple Sklerose oder Tuberkulose ins Spiel. Doch vielleicht war es ja wirklich, wie der Dichter selbst vermutete, die Geschlechtskrankheit Syphilis (Lues). Zuerst klagte Heine in Briefen über ein Taubheitsgefühl in der linken Hand, dann in den Wangen und Lippen. Dann versagten seine Beine, und er konnte seine Augenlider nicht mehr bewegen. Dazu kamen Atembeschwerden und heftiges Erbrechen. Typisch für die Syphilis ist, dass es dem Erkrankten nicht gleichbleibend schlecht geht, weil sich die geschädigten Nerven nach kurzer Zeit erholen. Friedrich Nietzsche soll an den Spätfolgen einer Syphilisinfektion gestorben sein, die er sich als junger Student bei einem einzigen Bordellbesuch in Bonn zugezogen haben könnte.

Nach seinem Zusammenbruch in Turin, er warf sich auf dem Marktplatz einem Pferd um den Hals, stellte sich bei ihm das Krankheitsbild einer progressiven Paralyse (fortschreitende Lähmung, im Volksmund Hirnerweichung genannt) ein.

Über Jahrhunderte war die Lustseuche Syphilis eine Geißel der Menschheit. Kaum ein Fürst oder Papst, der von ihr verschont wurde. Auch der Humanist Ulrich von Hutten wurde eines ihrer Opfer. Über das erbärmliche Erscheinungsbild des kranken Denkers schreibt sein Zeitgenosse Erasmus von Rotterdam (1469 – 1536): *Er kommt herfür mit einer stumpfen Nasen, das Bein nach sich schleppend, mit grindigen Händen, stinkendem Atem, kranken Augen und verbundenem Kopf, Eiter fließt aus den Nasen und Ohren.* Als Heilmittel schwor Hutten auf das Holz des immergrünen Guajak- oder Pockholzbaumes aus der Neuen Welt. Er dachte, dass die nach der Entdeckung Amerikas nach Europa eingeschleppte Krankheit nur mit einem Mittel aus der Neuen Welt zu kurieren sei. Bei dieser Kur wird das Holz der Bäume kleingehackt und mit Wasser ausgekocht. Der daraus entstehende Extrakt wurde entweder getrunken oder als Bad zubereitet. Der Effekt war gleich Null.

Auch ein von dem Arzt Paracelsus vorgeschlagenes Mittel versagte. Er war der Meinung, dass Quecksilber gegen die »französische Krankheit« helfe und empfahl Quecksilberkuren mit äußerer und innerer Anwendung von dergleichen Präparaten. Die äußere Anwendung (Schmierkuren) mochte noch angehen, bei der inneren

Anwendung starben die Patienten reihenweise. Trotzdem gilt Paracelsus als großer Mediziner. Man fühlt sich an eine Textstelle aus Faust I erinnert. Als Dr. Faustus beim Osterspaziergang von der Menge gehuldigt wird, weil sein Vater eine schlimme Seuche besiegt haben soll, sagt er: *Hier war die Arznei, die Patienten starben, / Und niemand fragte: wer genas?/ So haben wir mit höllischen Latwergen (dickflüssiges Heilmittel)/ In diesen Tälern, diesen Bergen / Weit schlimmer als die Pest getobt. / Ich habe selbst das Gift an Tausende vergeben / Sie welkten hin, ich muss erleben, / Dass man die frechen Mörder lobt.* Menschen in Not halten sich an jeden Strohhalm und seien es angebliche Wunderheiler und Scharlatane. Es war der Berliner Forscher Paul Ehrlich (Nobelpreis 1908), dem es endlich gelang, ein Mittel gegen Syphilis zu finden. Dank seines Medikamentes konnte ab 1910 innerhalb von fünf Jahren die Zahl der Neuerkrankungen an Syphilis um die Hälfte verringert werden. Entscheidend für ihre Bekämpfung war jedoch die Entdeckung des Penicillins. 1928 hatte der Schotte Alexander Fleming durch einen Zufall beobachtet, dass Bakterien in Kulturen, auf denen sich Pilze befanden, nicht weiter wuchsen. Erst 1939 gelang es einer Forschergruppe, das Penicillin aus Schimmelpilzen zu isolieren. Aufgrund dieser Entdeckung ist heute ein Mensch mit Syphilis vierundzwanzig Stunden nach Beginn einer Penicillinbehandlung normalerweise nicht mehr ansteckend.

# T

## TIERPROZESSE – Schweine, Ochsen, Hunde, Ratten vor Gericht

Aus heutiger Sicht ist es nur schwer vorstellbar, dass es vom 14. bis zum 17. Jahrhundert Tierprozesse gab. Damals wurden Tiere als Angeklagte vorgeführt und zu einer Strafe verurteilt. Der Besitzer blieb straffrei, es sei denn, er wusste vorher um die Gefährlichkeit des Tieres, sodass er hätte Sicherheitsmaßnahmen ergreifen können. Mäuse wurden verurteilt, weil sie ein Feld kahl gefressen hatten, man gab ihnen drei Tage Zeit, den Ort zu verlassen. Tiere machten sich schuldig, über Kinder hergefallen zu sein oder einen Schaden angerichtet zu haben. Nun wird man sagen, dass es sich hierbei gerade nicht um einen Wissenschaftsirrtum handelt, sondern es im Gegenteil ein Verdienst der Wissenschaft bedeutet, dieser unsinnigen Praxis ein Ende gemacht zu haben. Doch es waren eben gelehrte Vertreter der Jurisprudenz, die ebenso wie die Geistlichkeit bei diesen Prozessen mitwirkten und die Urteile fällten. Manche wissenschaftliche Abhandlung wurde darüber geschrieben und auf ihrer Grundlage Todesstrafen ausgesprochen oder Folterstrafen verhängt. Manchmal, wenn die Schuldfrage nicht eindeutig geklärt war, zogen sich solche Prozesse über ein halbes Jahr fort. Graduierte und geschulte Juristen unterstellten den Tieren eine vorsätzliche Absicht oder einen bösen Willen. Meist wurden die Prozesse gegen Schweine geführt, die Kinder angefallen hatten. Doch auch Ochsen, Hunde und andere Tiere wurden gerichtlich verfolgt, wie es im Standardwerk *Das fremde Mittelalter. Gottesurteil und Tierprozess* des Historikers Peter Dinzelbacher heißt.

Damals übernahmen Advokaten die Verteidigung der Tiere; manchmal mussten Letztere, bis es zum Prozess kam, in Untersuchungshaft. In der Regel endeten die Prozesse mit einem Todesurteil, meist als Galgenstrafe oder dem Lebendig-begraben-werden. Liest man die Akten dieser Prozesse, so wurden die Urteile gegenüber den Tieren genauso formuliert wie gegenüber den Menschen. *Und was das genannte Schwein betrifft, haben wir es verurteilt und verurteilen es aufgrund der in dem genannten Prozess enthaltenen und festgestellten Gründe, der Gerechtigkeit halber aufgehängt und exekutiert...* Man beteuerte, so vorgegangen zu sein, wie es das »Recht und die Vernunft« verlangten. Damals war es möglich, als Jurist dadurch Karriere zu machen, dass man für Ratten eine Verzögerung ihres Prozesses bzw. ihrer Bestrafung erreichte. Z. B. brachte der französische Jurist Bartholomé Chassenée (1480 – 1542) vor, dass man den inkriminierten Ratten nicht genug Zeit gelassen hätte, vor Gericht zu erscheinen, da sie die Hinterhalte der Katzen zu umgehen hätten. 1520 verteidigte er in einem

Prozess mittels seiner sophistischen Reden die Holzwürmer. Noch einmal sei erwähnt, dass es sich bei den Tierprozessen um ordnungsgemäße Verfahren handelte mit hochrangigen geistlichen und weltlichen Rechtsgelehrten.

Dinzelbacher zufolge ging es den Juristen um eine Ausdehnung ihres Machtbereiches. Die europäische Justiz neigt dazu, sich die ganze Lebenswelt zu unterwerfen. Die Normierung allen menschlichen Lebens wurde immer strenger. Tierprozesse bedeuteten zudem eine weitere Einnahmequelle. Das heißt nicht, dass die Juristen nicht wirklich an die Logik und Vernunft ihres Tuns glaubten. Gerade deswegen sind ja die Tierprozesse ebenso wie die Verfolgung der Hexen Beispiele für Wissenschaftsirrtümer.

Was man für eine Zeitlang als absolut gültig und schlüssig empfand, wird aus heutiger Sicht völlig irrational. Kaum ein anderer hat sich intensiver mit den Transformationsprozessen in der Wissenschaft beschäftigt wie der französische Wissenschaftsphilosoph Michel Foucault. In seinem Werk *Die Ordnung der Dinge* fragt er: *Wie geschieht es, dass das Denken sich von jenen Ufern löst, die es einst bewohnte (...), und dass es genau das in den Irrtum, die Schimäre und das Nicht-Wissen taumeln läßt, was noch nicht einmal zwanzig Jahre zuvor im lichten Raum der Erkenntnis angesiedelt und bestätigt wurde?* Foucault spürte Veränderungen in den Erkenntnismodellen der Wissenschaften nach. Er kam zu dem Ergebnis, dass sie nicht das Ergebnis bewusster Planungen, sondern als Folge komplexer Zusammenhänge innerhalb von größeren *Beziehungsgeflechten* zu verstehen seien.

Foucault interessierte sich für die historischen Diskontinuitäten in der Transformation von Diskursen. Es seien komplexe historische Ursachen, kollektive Handlungen, die zu neuen Weltbildern und wissenschaftlichen Resultaten führten. Im Fall der Tierprozesse handelt es sich im ausgehenden Mittelalter um den Wunsch der Menschen, nicht mehr im Chaos und dem Zufall zu leben. *Sicher war es leichter, dem Tier eine böse Absicht zu unterstellen, als vom blinden Zufall auszugehen, wenn es etwa ein kleines Kind mit schrecklichen Konsequenzen angefallen hatte. Das ist nachvollziehbar, auch unsere erste emotionale Reaktion wäre in einem solchen Fall Hass gegen den tierischen Schädiger, als ob er verantwortlich gehandelt hätte. Aber wo uns sofort bewusst würde, dass diese Vorstellung nicht wirklichkeitsgerecht sein kann, verfolgt man im späteren Mittelalter eben diese Reaktion bis zur letzten Konsequenz und in aller Form.* (Dinzelbacher) Doch was heißt hier *wirklichkeitsgerecht?* Im Mittelalter wurde die geschilderte Art des Umgangs mit Tieren als wirklichkeitsgerecht eingeschätzt.

## Der Mythos um **TROJA**

So alt wie die abendländische Kultur ist der Mythos um das sagenumwobene Troja, dem der griechische Dichter Homer ein unsterbliches Denkmal gesetzt hatte. Im Jahre 1868 machte sich Heinrich Schliemann auf, um anhand der Ilias und der Odyssee an den Stätten des Geschehens

Ausgrabungen vorzunehmen. Er glaubte nämlich, dass Homers Geschichten keine reinen Fantasieprodukte sind, sondern wahrheitsgetreu bestimmte Orte und Begebenheiten schildern. Schliemann war kein ausgebildeter Archäologe, sondern begann erst im Alter von 44 Jahren an der Pariser Sorbonne Archäologie, Philosophie und Sprachwissenschaften zu studieren. Vielleicht ist dies der Grund dafür, weshalb ihm bei der Interpretation seiner Funde einige gravierende Fehler unterliefen. Zum Beispiel glaubte er, auf Ithaka den Palast des Odysseus entdeckt zu haben, was sich im Nachhinein als Irrtum herausstellte. Als er einige Vasen mit Asche ausgegraben hatte, schrieb er voller Euphorie in sein Notizbuch: *und es ist wohl möglich, dass ich in meinen fünf kleinen Urnen die Asche des Odysseus und der Penelope oder ihrer Nachkommen bewahre.*

Später, im Jahre 1870, begann Schliemann mit seinen Ausgrabungen auf dem Hügel Hissarlik an der türkischen Westküste. Schon bald stieß er auf Mauerreste, die ihm zu belegen schienen, dass es sich um das antike Troja gehandelt haben musste. Heute gilt es weitgehend gesichert, dass sich Schliemann ein weiteres Mal irrte. Offenkundig verfügte Schliemann über zu wenig methodisch-technische Kenntnisse seines Faches, doch allein sein Enthusiasmus und seine Entdeckerfreude ermöglichtem ihm zahlreiche wertvolle Funde, obwohl Troja gewiss nicht dabei war. Eduard Meier, der große deutsche Historiker, schreibt über Schliemann: *Für die Wissenschaft hat sich das unmethodische Vorgehen Schliemanns, direkt bis auf den Urboden zu gehen, als höchst segensreich erwiesen; bei einer systematischen Ausgrabung wären die älteren Schichten, welche der Hügel birgt, und damit diejenige Kultur, welche wir die eigentlich ›trojanische‹ bezeichnen, schwerlich jemals aufgedeckt worden.*

# U

## Sprache und UNIVERSALGRAMMATIK

Nach dem Zweiten Weltkrieg standen die Sprachwissenschaftler unter dem Einfluss der Theorie des Linguisten Norman Chomsky, wonach alle Menschen genetisch über eine angeborene, neurobiologisch verankerte Universalgrammatik (auch generative Transformationsgrammatik genannt) verfügen. Dafür spricht die frappierend strukturelle Ähnlichkeit lebender wie toter Sprachen. So weist die grammatikalische Subjekt-Objekt-Relation der Sätze nahezu universelle Geltung auf. Auch Relativsätze ähneln sich in fast allen Sprachen. Zum Katalog der angeborenen sprachlichen Elemente gehören nach Chomsky die Unterscheidung von Substantiven und Verben und die Existenz von Zahlwörtern. Mit seiner Annahme angeborener Sprachstrukturen glaubte Chomsky, die Frage beantwortet zu haben, wieso es Kindern möglich ist, aus den Wörtern und Sätzen, die sie täglich hören, in relativ kurzer Zeit eine große Anzahl von vorher nie gehörten Sätzen erzeugen (generieren) zu können. Chomsky konnte sich das nur so erklären, dass jeder Mensch über angeborene grammatikalisch-logische Grundstrukturen verfügt. Je nachdem, in welchem Teil der Erde wir auf die Welt kommen, lernen wir eine eigene Grammatik, aber allen Menschen gemeinsam ist eine angeborene »Universalgrammatik«. Chomsky unterschied bei Sprechern zwischen Kompetenz und Performanz. Während alle Menschen Sprachkompetenz besitzen, realisieren sie diese Grundgrammatik in individuell bzw. kulturell unterschiedlichen Variationen.

Jeder Oberflächenstruktur liegt Chomsky zufolge eine Tiefenstruktur der Sprache zugrunde, die er in komplizierten Strukturbäumen darzustellen versuchte. Diese These, die wie gesagt über Jahrzehnte die Linguisten mehrheitlich vertraten, wurde u. a. von dem Sprachwissenschaftler und Missionar Daniel Everett erschüttert. Everett verbrachte sieben Jahre seines Lebens bei den Pirahã-Indianern am Amazonas, um deren Sprache zu erforschen. Seine Ergebnisse führten ihn zu der Annahme, dass dieses Volk über keine angeborene Grammatik verfügt. Die Sprache der Pirahã-Indianer weist keine Tiefenstruktur auf. Ihre Sprecher reihen die Wörter und Sätze einfach parataktisch aneinander, es kommen keine Relativ- oder ansonsten verschachtelte Sätze (Hypotaxe) vor. Den Grund dafür sieht Everett darin, dass sich die Indianer mit ihrer Sprache möglichst nah am Erlebten halten wollen. Hypotaktisch aufgebaute Sprachen eignen sich gut, in wenigen Sätzen möglichst viele Informationen unterzubringen. Eine solche Sprache ist für die westliche Kultur, in der der Fortschritt eine große Rolle spielt, wie geschaffen. Doch den Pirahã-Indianern geht es gerade nicht um Fortschritt, sondern um die Bewahrung ihrer Lebensweise als Jäger und Sammler.

So weigern sich die Mitglieder dieses Stammes zu zählen, sie verwenden höchstens die Zahl eins und zwei, alles was darüber hinausgeht, wird einfach nur als »viele« bezeichnet. Des Weiteren kennen sie keine *phatische Kommunikation* (Ausdrücke, die dazu dienen, den sozialen Austausch aufrechtzuerhalten). Das heißt, sie benutzen niemals Wendungen wie *Hallo, danke, Wie geht es Ihnen? Tut mir leid! ...* Auch Farbbegriffe sind ihnen unbekannt. Es gibt in dieser Sprache keine Wörter für rot, grün, blau usw. Für grün sagen sie zum Beispiel: *Das ist noch nicht reif.* Everett ist der Meinung, dass der Grund dafür nicht etwa mangelndes Abstraktionsvermögen ist. Die Pirahã-Indianer könnten sehr wohl zählen, wenn sie es wollten, nur: Sie wollen es eben nicht. Laut Everett hat sich dieser Amazonas-Stamm bewusst oder unbewusst dafür entschieden, sich von keinerlei Fremdeinflüssen manipulieren zu lassen. Die Indianer spüren, dass, wenn sie zu zählen anfingen, ihre Kultur in Gefahr geriete.

Die Ureinwohner des Amazonas versuchen ausschließlich im Hier und Jetzt zu leben, was sie offenkundig glücklich macht. Geschichten, die man nicht belegen kann, lehnen sie ab. Man sieht diese Menschen fast ständig lachen, obwohl sie ein alles andere als leichtes Leben haben. Die Pirahã kennen keine größeren Rituale, keinen Entstehungsmythos der Welt, keine Religion, wenngleich sie häufig von Geistern reden. Sie haben keinen Ahnenkult, höchstens, dass sie noch über ihre Großeltern sprechen.

Sie interessieren sich nur für die Erfordernisse des heutigen Tages. Ihre Toten begraben sie ohne Zeremonie im umgebenden Dschungel. Everett zieht am Beispiel der Pirahã in Bezug auf das Verhältnis von Sprache und Denken weitgehende Schlussfolgerungen. Für ihn sind die Pirahã ein Beweis dafür, dass es – entgegen der Behauptung von Chomsky – eine angeborene Grammatik bzw. Sprachstrukturen nicht gibt und die Sprache eines Volkes wesentlich von seiner Kultur geprägt ist. Imitation, Lernen und Sozialisation spielen eine weit größte Rolle als Chomskys Annahme über anatomische Strukturen. Die vielen Sprachen der Welt sind weit unterschiedlicher, als Chomsky glauben wollte. So kennen die Pirahã keine Wörter für »links« und »rechts«, zum Beispiel die Unterscheidung zwischen linker und rechter Hand. Wenn sie die Lage eines Gegenstandes bestimmen, beziehen sie sich auf einen Fluss. Zum Beispiel steht ein Haus flussaufwärts oder ein Gegenstand liegt flussabwärts. Als Außenstehender kann man eine fremde Sprache nur sehr oberflächlich verstehen. Eine Sprache zu verstehen, argumentierte schon der Philosoph Ludwig Wittgenstein, heißt, an einer Kultur teilzuhaben.

Auf der Erde gibt es um die 7.000 Sprachen, nach Schätzungen der Unesco werden gegen Ende des Jahrhunderts davon 3.000 verschwunden sein. Etwa die Hälfte der Weltbevölkerung verteilt sich auf 19 Muttersprachen, zum Beispiel auf Deutsch als der zehntgrößten, die anderen 3,5 Milliarden Menschen verteilen sich auf tausend sonstige Sprachen, manchmal sprechen nur einige Hundert Menschen noch ein Idiom. Es wäre mehr als nur schade, wenn die Prognosen der Unesco Wirklichkeit werden würden. Denn die Sprachvielfalt repräsentiert auch den Reichtum der kognitiven Fähigkeiten unter den Menschen. Jede der 7.000 Sprachen kann als ein kreativer Versuch aufgefasst werden, die Kommunikation unter den Menschen zu gestalten. Nur etwa ein Zehntel der Sprachen wurde bisher wissenschaftlich untersucht. Computer können nicht im eigentlichen Sinn sprechen. Wir dürfen Logik und Sprache nicht miteinander verwechseln. Die Logik unserer Computer ist das eine, das andere ist die lebendige Sprache eines Volkes. Sie ist viel zu komplex – und nur aus den konkreten Lebensbedingungen zu verstehen –, als dass man ihre Strukturen auf Logik zurückführen könnte. Es gibt keinen von allen möglichen Missverständnissen »reinen«, logisch klaren Sprachgebrauch, wie schon der Sprachphilosoph Ludwig Wittgenstein erkannte, als er seine eigene Sprachphilosophie des Tractatus-logico-philosophicus, in der die Sprache auf Logik reduziert wurde, einer grundlegenden Revision unterzog. In seinem Spätwerk spricht Wittgenstein weniger von Logik, als von Sprachspielen, die das Verständnis ermöglichen. Zwar sind wir stets aufgefordert, uns möglichst klar und verständlich auszudrücken, doch ein Großteil des Verstehens findet unter ganz bestimmten sozialen Bedingungen und in einer spezifischen Umwelt wie z. B. dem Amazonasgebiet statt. Was einem westlichen Sprecher in den sogenannten »primitiven« Kulturen als unlogisch, merkwürdig, fremd und unsinnig erscheint, erfüllt in der Alltagspraxis dieser Gesellschaften einen ganz bestimmten Zweck. Um diesen zu erkennen, genügt es nicht, in Universitäten Tonbandaufnahmen ihrer Sprache zu analysieren. Man muss sich als Sprachforscher unter sie begeben, ihre Sprache zu erlernen versuchen, bevor man sich ein fundiertes Urteil über den Sinn oder Unsinn ihres Verhaltens oder ihrer Sätze erlauben kann. Sprachforscher können Sprachen nicht *getrennt von ihrem kulturellen Zusammenhang … angemessen untersuchen …, insbesondere wenn es sich um Sprachen handelt, deren Kultur sich grundlegend von der des Wissenschaftlers unterscheidet.* (Everett)

# V

## Hinfälliger VITALISMUS

Im 19. Jahrhundert galt es als ausgemacht, dass es eine transzendente Lebenskraft (vis vitalis) gibt. Nur so konnte man sich die Erzeugung organischer Stoffe erklären. Der Vitalismus (lat: vita – Leben) unterscheidet strikt zwischen anorganischer und organischer Materie. Er nimmt an, dass hinter der organischen Materie gleichsam noch mehr steckt als nur ein chemisch-physiologischer Mechanismus, nämlich ein Lebensprinzip, das naturwissenschaftlicher Forschung nicht direkt zugänglich ist. Lebensphilosophen wie Henri Bergson (Frankreich) und Wilhelm Dilthey, Ludwig Klages, Georg Simmel (Deutschland) sind Vitalisten. Unter den älteren Philosophen werden Aristoteles und Friedrich Wilhelm Joseph Schelling als solche bezeichnet. Diese Theorie des Vitalismus gilt jedoch seit der Erforschung der Synthese von Harnstoff des Göttinger Chemikers Friedrich Wöhler (1800 – 1882) in der Biologie als widerlegt. Wöhler wies im Jahre 1828 nach, dass man eine Substanz wie Harnstoff, die man bisher nur aus lebenden Organismen kannte, aus unbelebter künstlicher Materie, dem Ammoniumcyanat, künstlich erzeugen kann. Ammoniumcyanat wird durch die Neutralisation von Ammoniak mit Cyansäure hergestellt. Oberhalb von 60 Grad wandelt sich das Ammoniumcyanat in Harnstoff um. Man braucht also kein mysteriöses Lebensprinzip anzunehmen, um bestimmte biologische Prozesse besser verstehen zu können. Es ist auch kein Lebewesen notwenig, um die Harnstoffsynthese herzustellen. In einem Brief schrieb Wöhler einem Freund, dass er *Harnstoff machen kann ... als Beispiel von Bildung einer organischen Substanz aus unorganischen Stoffen ...*

## Überflüssige **VITAMINE**

Immer noch glauben die meisten Menschen, durch die Einnahme von Vitaminpräparaten ihre Abwehrkräfte und Gesundheit zu steigern. In den Industrienationen sind es 20 bis 30 Prozent der Bevölkerung, die entsprechende Brausetabletten zu sich nehmen. Obwohl wir wenig über die Auswirkungen solcher Nahrungsergänzungsmittel wissen, geben in Deutschland die Menschen jährlich 170 Millionen Euro für derartige Präparate aus. Mittlerweile gibt es jedoch eine Reihe von Studien, die besagen, dass die Einnahme von Vitaminpräparaten kaum etwas nutzt. Ganz im Gegenteil können bei einer hohen Dosierung Nebenwirkungen wie die Schädigung von Niere, Leber und Magen auftreten. In einer Studie wurde insbesondere die Wirkung von Vitamin C als Vorbeugung gegenüber Erkältungen untersucht. Dabei stellte sich heraus, dass in keinem Fall die Erkältungskrankheiten seltener waren. Lediglich Marathonläufer oder unterkühlte Skifahrer scheinen davon zu profitieren, vorbeugend Vitamin C einzunehmen.

## Unauffindbarer VULKAN

Beim Planeten Vulkan handelt es sich, ähnlich wie von dem antiken Philosophen und Mathematiker Pythagoras postulierten 10. Planeten, um eine angenommene Konstruktion, um Berechnungen zu stützen, die ansonsten einen offenkundigen Fehler enthielten. Er wurde innerhalb der Merkurbahn vermutet und sollte erklären, warum die Perihel – der sonnennächste Ort – der Merkurbahn um die Sonne in einer Weise verläuft, die nach den klassischen, Newton'schen Gesetzen der Planetenbewegung eigentlich nicht möglich ist. Also nahm man die Existenz eines Planeten nahe der Sonne an – eben den Planeten Vulkan –, dessen Gravitationskraft die Periheldrehung des Merkur bewirkt. Erst die Relativitätstheorie Einsteins lieferte eine Erklärung, wonach man auf eine solche Hypothese verzichten konnte. Denn bisher schlugen alle Versuche, den Planten Vulkan aufzufinden, fehl.

# W

## Ist es auch WAHNSINN, so hat es doch Methode

In seinem Werk *Wahnsinn und Gesellschaft* zeigt der französische Philosoph Michel Foucault auf, welche unterschiedlichen Vorstellungen es im Laufe der Jahrhunderte über den Wahnsinn gab. Die abendländische Kultur – so Foucault – tut sich mit dem Wahnsinn schwer. *Der abendländische Mensch hat seit dem frühen Mittelalter eine Beziehung zu etwas, das er vage benennt mit: Wahnsinn, Demenz, Unvernunft.* (Foucault) Im Zeitalter der Aufklärung, Ende des 18. Jahrhunderts, glaubte der französische Arzt Philippe Pinel (1745 – 1826), dass Wahnsinn kein Schicksal, sondern heilbar sei. Doch was waren damals die Mittel, um die »Irren« zu heilen? Pinel arbeitete mit eiskalten Duschen und Zwangsjacken, bis der Geisteskranke seine Schuld eingestand und wieder als normal gelten konnte. Die »wissenschaftliche« Erforschung des Wahnsinns bewirkte, dass aus einem »Wahnsinnigen« ein dem kritisch kontrollierenden Blick des Arztes unterworfener »Geisteskranker« wurde. Dem Kranken wurde in den entstehenden Kliniken verdeutlicht, dass er es jederzeit selbst in der

Hand hätte, durch sein Verhalten entweder angekettet oder in die Freiheit entlassen zu werden. Folgt man Foucault, hat dieser Appell an Freiheit und Verantwortung den Wahnsinn in einer problematischen Art und Weise *moralisiert*. Foucault verstand sein Buch als Einladung, zusammen mit den Psychiatern alte Praktiken und Sichtweisen zu hinterfragen, um neue Wege im Umgang mit dem Wahnsinn zu finden. In den 70er-Jahren des 20. Jahrhunderts schloss er sich der Anti-Psychiatrie (Ronald D. Laing, David Cooper) an, die die Öffnung der Irrenhäuser und die Freilassung ihrer Insassen forderte. Daraufhin warf die Zunft der Psychologen Foucault vor, dass er die harte Realität einer Geisteskrankheit unzulässig romantisiere, da der Wahnsinn in Wirklichkeit eine schwere Krankheit sei.

## WALDSTERBEN oder Totgesagte leben länger

In den 70er- und 80er-Jahren des letzten Jahrhunderts herrschte eine Krisen- und Endzeiterwartung vor. Stichwörter wie »Atomtod«, »Grenzen des Wachstums«, »Waldsterben« usw. beherrschten die politische Diskussion. Damals glaubten viele, dass es in absehbarer Zeit kein menschliches Leben mehr auf der Erde geben werde. Insbesondere die Angst vor dem Waldsterben traf die Deutschen mitten ins Herz. Was wäre Deutschland ohne seinen Wald? Im Mittelalter bot er Eremiten eine Rückzugsmöglichkeit von der Vanitas – alles ist eitel! – der Welt. In der

Romantik wurde der Wald als Ort zauberhafter Dinge beschrieben. In dem Gedicht »Abschied« des romantischen Dichters Joseph von Eichendorff heißt es: *O Täler weit, o Höhen / O schöner, grüner Wald, / Du meiner Lust und Wehen / Andächt'ger Aufenthalt. / Da draußen, stets betrogen, / Saust die geschäft'ge Welt, / Schlag noch einmal die Bogen / Um mich, du grünes Zelt.* Doch dieser Wald wurde gleich zweimal entzaubert. Einmal durch die Erkenntniskritik der Aufklärung, die mit dem Glauben an Waldgeister, Nymphen, Hexen, Zwerge, Märchen gründlich aufräumte – der deutsche Soziologe Max Weber nannte diesen Prozess *Entzauberung der Welt* –, und zweitens durch die Prognosen über das Waldsterben in der zweiten Hälfte des 20. Jahrhunderts.

Erste Meldungen über das Waldsterben kamen 1959 aus verkehrs- und industriearmen Gegenden in Skandinavien, genauer in Finnland und Schweden. Schon damals wurde der »saure Regen« aus den Industriegebieten Mitteleuropa für das Waldsterben verantwortlich gemacht. Die Krankheit verbreitete sich schnell, vor allem in Deutschland, wo im Jahre 1985 schon die Hälfte des gesamten Baumbestandes betroffen gewesen sein soll. Die kranken Bäume verlieren ihren Schutz gegen den Borkenkäfer, der sich nun hemmungslos ausbreiten kann. Umweltschützer befürchteten, dass die Schäden irreparabel sind und der Wald aus ganz Europa verschwinden würde. Andere Wissenschaftler kamen jedoch in den 90er-Jahren zu dem Schluss, dass die meisten der beobachteten Schäden auf natürliche Ursachen zurückgehen und dass das vorausgesagte Verschwinden des Waldes nicht stattfinden werde. Im Jahre 2010 gab das statistische Umweltamt bekannt, dass in Deutschland zuwischen 1992 und 2008 die Waldfläche um jährlich 176 Quadratkilometer gewachsen ist, was der These vom Waldsterben entgegenläuft.

In Bezug auf das Waldsterben ist die Faktenlage einigermaßen unübersichtlich. Im Jahr 2003 behauptet die damalige Ministerin für Ernährung und Landwirtschaft Renate Künast (Grüne): *Wir haben den Trend umgekehrt. Der Wald wächst wieder gesünder, die Flächen nehmen zu, die Holzwirtschaft hat in Deutschland eine gute Zukunft. Ich kann nur dringend empfehlen, einen Waldspaziergang zu unternehmen.* Im Jahr 2004 heißt es von derselben Ministerin, dass sich die Situation wieder zugespitzt hat. Dass es dem Wald wieder schlechter geht, habe vor allem die Ursache, dass der Sommer 2003 viel zu trocken war. Der ausbleibende Regen habe die Bäume geschwächt, weshalb sie anfällig für Krankheiten und Schädlinge wurden. Wie steht es nun wirklich um den deutschen Wald? Man wird es wohl nie erfahren. Wie bei kaum einem anderen Thema werden die Statistiken und Expertisen nach politischen Standpunkten ausgelegt. Umweltschützer neigen dazu zu dramatisieren, während die Vertreter der Wirtschaft vor Übertreibungen im Hinblick auf die Dimensionen des Waldsterbens warnen. Einige Wissenschaftler gehen so weit zu behaupten, dass die These vom Sauren Regen als Ursache für das Waldsterben falsch ist. Vielleicht hat man die Regenerationsfähigkeit der Bäume unterschätzt. Es wird darauf hingewiesen, dass auch in früheren Jahrhunderten von unerklärlichen Waldschäden berichtet wurde und sich der Wald immer wieder erholt habe.

# Z

## Verfallserscheinung ZEITREISE

Philosophen beschäftigt seit jeher das Phänomen der Zeit. Berühmt ist Augustinus' Frage nach der Zeit. *Was also ist die Zeit? Wenn niemand mich danach fragt, weiß ich es; wenn ich es jemandem auf seine Frage hin erklären soll, weiß ich es nicht.* Sobald wir nicht nach der Uhrzeit, sondern nach der Zeit selber fragen, beginnen die Schwierigkeiten. Folgt man Augustinus, so ist die Zeit in der Seele verankert. Es gibt kein äußerliches Kriterium, die Zeit zu messen. Zwar wird behauptet, die Bewegungen der Sterne seien ein Maß für die Zeit, jedoch verhält es sich nach Augustinus gerade umgekehrt, die Zeit sei grundsätzlicher als die Bewegung und stellt das Maß für die Veränderungen dar. Eigentlich gebe es immer nur die Gegenwart, und lediglich durch unser Erinnerungsvermögen erzeugten wir den Zeitbegriff. Für Augustinus ist also die Zeit durch das Erinnerungsvermögen konstruiert. Allein unser Geist sei in der Lage, die disparaten Einzelmomente zu einer Zeiterfahrung zusammenzufassen. Zeitreisen wären für Augustinus undenkbar gewesen, da die Zeit keine »Außenwelt« habe.

Demgegenüber gehen die Physiker von der Zeit als außenweltliche Größe aus. Einsteins Relativitätstheorie hat ihre Fantasie in Bezug auf Zeitreisen beflügelt. Wenn die Zeit relativ ist, sollten dann Reisen in die Vergangenheit nicht prinzipiell möglich sein? Der New Yorker Professor für theoretische Physik Michio Kaku behauptet, dass die Menschheit noch in diesem Jahrhundert auf dem Wege ist, zum Herrscher über Raum und Zeit zu werden. Die Möglichkeit dazu böten sogenannte *Schwarze Löcher* im Weltall, an deren Ende sich *Weiße Löcher* als Verbindung zu einem anderen Zeit-Universum befänden. Die »Tür« zwischen den beiden Löchern bezeichnet man als Einstein-Rosen-Brücke. Was würde passieren, wenn jemand in ein solches Loch fällt? Nach Einstein würde er auf der Stelle zerquetscht. Trotzdem beflügelt die Existenz der *Schwarzen Löcher* die Physiker zu Spekulationen über die Möglichkeit von Zeitreisen.

Doch nehmen wir einmal an, dass die Menschheit über eine Technik verfügte, Zeitreisen durchzuführen. Dann könnten Zeitpassagiere den amerikanischen Präsidenten John F. Kennedy davor warnen, im offenen Wagen durch Dallas zu fahren, oder auch Abraham Lincoln vor seinem Attentäter. Menschen hätten die Macht, den Lauf der Geschichte zu verändern, stündlich müssten die Geschichtsbücher revidiert und den neuen Gegebenheiten angepasst werden. Kaku versucht, diesen Einwand zu entkräften, indem er auf die Möglichkeit von Paralleluniversen hinweist. Demnach hätten wir im Falle Lincolns ... *nur einem Quanten-Doppelgänger Lincolns in einem Quanten-Paral-*

*leluniversum das Leben gerettet.* Die Vergangenheit in unserem Universum wäre gleich geblieben.

Vielleicht befindet sich die Physik in punko Zeitreise auf einem Holzweg, wie der Philosoph Martin Heidegger behauptet. Er unterscheidet in seinem epochemachenden Werk *Sein und Zeit* ein »vulgäres Zeitbewusstsein«, wonach die Zeit eine unendliche Abfolge von Jetztzeitpunkten ist, von der Zeitlichkeit als der existenziellen Erfahrung des Daseins, dass es endlich ist. Wesentlicher als das vulgäre Zeitbewusstsein sei die Zeitlichkeit als existenzielle Erfahrung. *Nur weil die Zeitlichkeit im eigentlichen Sinne endlich ist, ist die uneigentliche Zeit im Sinne der vulgären Zeit unendlich.* Folgt man Heidegger, so entspringt unser Zeitbewusstsein der Sorgestruktur unseres Daseins: *Sichverbrauchend braucht das Dasein sich selbst, das heißt seine Zeit. Zeit brauchend rechnet es mit ihr. Das umsichtig-rechnende Besorgen entdeckt zunächst die Zeit und führt zur Ausbildung einer Zeitrechnung.* Für unsterbliche Wesen wäre die Zeit gar kein Problem und Begriff. Heidegger erörtert den Zeitbegriff als grundlegend für ein Verständnis des menschlichen Daseins als *Sein zum Tode.* Die Verdrängung dieses Sachverhaltes führt nach Heidegger dazu, von der Technik unmögliche Dinge zu erwarten, wie z. B. Zeitreisen. Für Heidegger sind dies Verfallserscheinungen unserer modernen durch die Wissenschaften über die Maßen geprägten Kultur.